The Healing Power of Relationship

「聖なる関係」があなたを癒す

サイマー・ラクシュミ・デヴィ著

Sai Maa Lakshmi Devi

Sai Maa 108 Maha Yagya

聖なる炎に捧げ物を
くべるサイマー。

早朝から夜半まで絶やさ
れることなく聖なる炎が
焚かれ続けた。

古式に則って炎が灯される。

色とりどりの捧げ物。

２０１６年10月21日から３日間にわたって、富士山麓の朝霧高原（静岡県富士宮市）で行われたマハ・ヤギャ（Maha Yagya ヒンズー教の伝統に則った聖なる炎の儀式）。27基のクンダ（護摩《ごま》壇《だん》となる火炉）を設置し、高さ10メートルを超える巨大なシャーラ（護摩壇を収容する建物）を建築して、インドから高僧１０８人が招かれた。

史上最大級の大祭事に参加するために、世界各地から約400名が富士の裾野に集った。

2007年のヒンズー教最大の祭事・クンバメーラで「ジャガットグル」の称号を授与されたハー・ホーリネス・ジャガットグル・サイマー・ラクシュミ・デヴィ。ジャガットグルとは聖者が選んだ聖者の称号で「聖者の中の聖者」と称されることもある。

関係性の図

自分の潜在意識に入れてしまったネガティブな暗いエネルギーは、自分のものとして認め、変容させなければ、相手との関係性の中に表れてくる。

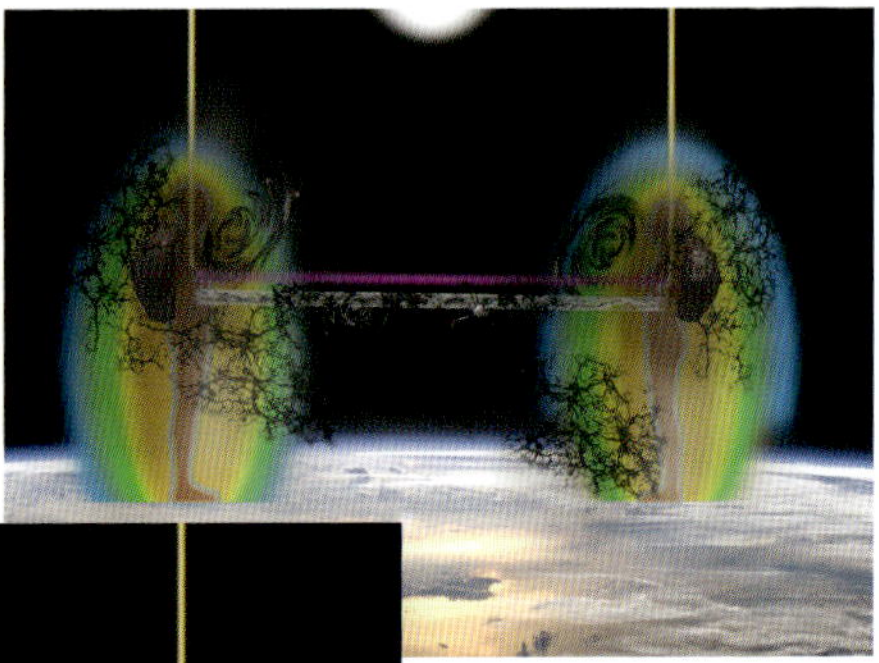

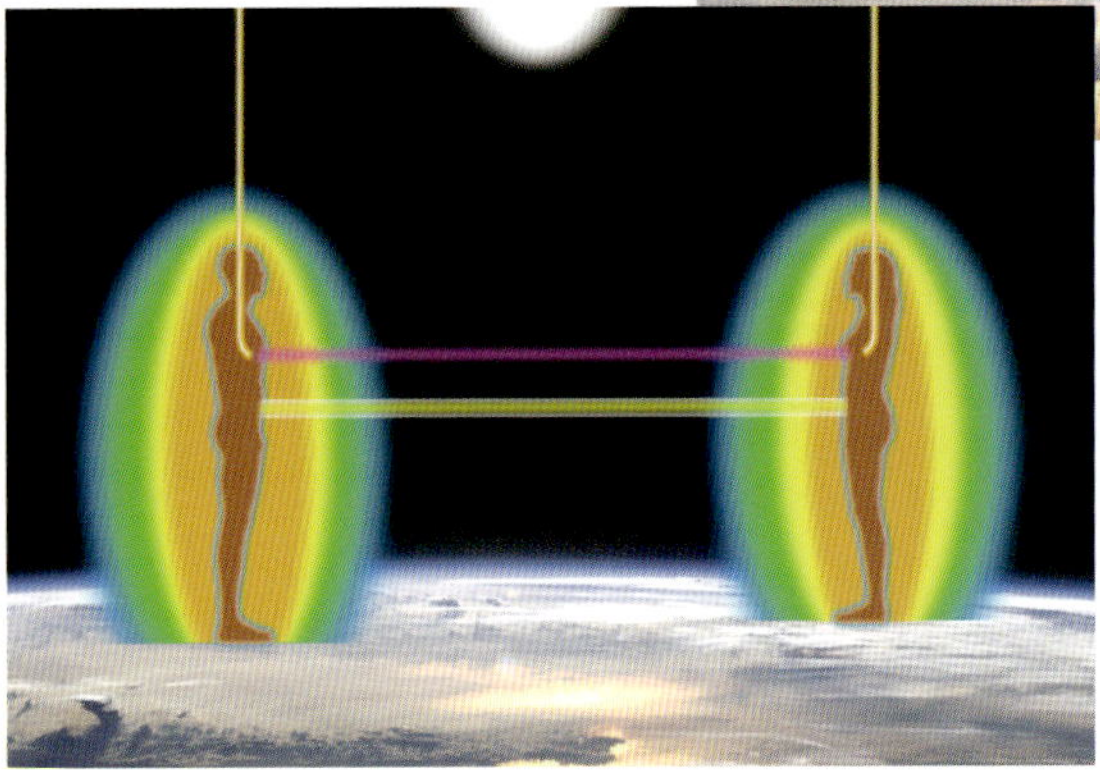

人間関係を創り上げている「自分」「相手」と、三つ目の要素である「関係性」。お互いの間にあるチューブのようなその関係性にどんなエネルギーを入れるかで、その関係のありかたが決まる。

プロローグ

聖なる母から、日本のみなさんへ

◎自分を愛していても、自分を認めてはいない

「あなたは、自分のことを愛していますか」

こう質問すると、

「もちろん、愛していますよ」と、答えることでしょう。

しかし、「でも、私は背が高すぎる」とか、「だけど、ぼくは背が低すぎて」というふうに、何か不満をつぶやきはしませんか。

太りすぎているとか、やせすぎているとか、あるいは、この髪がいやだ、と思っている人もいるでしょう。

そのようにみなさんは、自分のことを必ずしも認めていないのです。

ただし、はっきりしているのは、誰もが自分のことを愛しているということです。

たとえば人は鏡を見て、きれいな洋服を選んで、自分をきれいにしています。自分を愛していなかったら、そういったことはしないでしょう。

ところが、そのように自分を愛していても、必ずしも自分を受け入れているわけではないのです。

それはなぜでしょうか。

自分の中に、罪悪感とか、人を憎む心とか、人を批判する心といったものがあるために、自分を愛していても、自分のことをなかなか受け入れることができないからです。

◎愛についての問題は、関係性にある

愛についての考えは、みなさんに個人差があって、それぞれ異なります。

しかし、さまざまに異なっていても、私たちの奥にはひとしく普遍的な愛、本質的な愛が潜んでいます。それが「神聖なる愛」です。

神聖なる愛とは、私たちひとりひとりの中の神の存在（神性やハイヤーセルフ＝高次元の自己）の愛のことです。限りない愛、無条件の愛のことです。

この神聖なる愛とは、私たちがけっして簡単に体験できるものではありません。

しかし、私たちが人間関係の中で、相手に何かを求めるのではなく、自分と相手とが本

当に、お互いに分かち合えるようになれば、その中に、神聖なる愛を体験することができるのです。

このことは本書で詳しく説明してまいります。

ですから、愛についての問題は、その愛を分析するのではなく、**「誰もが愛することはできます。愛についての問題は、愛にあるのではなく、関係性（関係）にあるのです」**

そう理解していくことが大切なのです。

◎関係性の中に入れたものが引き金となる

この関係性を、透明なチューブ（管《くだ》）だと考えてみてください。

みなさんはそのチューブの中に、お互いに、自分がもっている、いろいろなものを、どんどん入れていきます。

例えば、自分とパートナーの関係性を例にとりましょう。

あなたは相手の中に、自分の両親に対する自分の期待などを入れていきます。

また相手も、あなたの中に両親に対する自分の期待などを入れていきます。**すると、お互いが入れた期待などが引《ひ》き金《がね》となって、さまざまなものが浮上してくるのです。**

そして関係性がずれだしてきて、関係性自体が不調和な状態になってきてしまいます。ところが、あなたが自分の中を癒《いや》していくことができれば、あなたがその関係性に入れていくものがきれいなものになります。そうして、その関係性が調和のとれたものとなっていきますから、関係性そのものが癒されていくというわけです。

◎愛と関係性とを見分けることが大切

したがって、私たちにとって重要なことは、愛と関係性とを見分けることです。**常に、どのような状態の中でも、愛と関係性とを見分けることができたら、私たちは解放されて、自由になります。**

お母さんが自分のことを愛してくれない、と思っている子供がいます。たとえば、その子供の、これまでの言い方では、

「お母さんが、私を愛してくれていないから、私はお母さんが好きじゃない」

というものでした。

ところが、愛に基づいた関係性に変えると、

「お母さんは、私のことを愛しているけれど、二人の関係はあまりいい状態じゃない」

という言い方になるのです。

このように、愛と関係性をはっきりと区別すると、この二人にとって、問題は愛にあるのではなく、関係性にあるということがはっきりします。

つまり、関係性の中に何を入れているか、ということが肝心なのだ、ということが明らかになってくるわけです。

子供は、親から愛されていると思えないと、そこには基盤となる何かがなく、不安定になってしまいますから、まず自分が確実に愛されていることを知ってもらうようにすることが大切です。ですから親子の間で、なによりもそうした愛に基づいた関係性を築いていくことが重要なのです。

◎自分の体との関係性の中に、不満のエネルギーを入れてしまう

関係性とはどんなものか、ご理解いただけたでしょうか。

冒頭で述べた、自分との関係性についても、多くの人が、自分の体が、太りすぎているとか、やせすぎているとか、足が短いとか、足が長すぎるといった不満をいだいています。そして、自分の体との関係性の中に、不満のエネルギーを入れてしまい、自分との関係性が不調和なものになってしまっているのです。つまり、関係性が健康的ではなくなっているのです。

その不満の原因とは、前述した、罪悪感とか、人を憎む心とか、人を非難する心などというわけです。

ですから、自分との関係性をよくしていくためには、そうした不満のエネルギーのもとを浄化していくことが肝心なのです。

◎変容への鍵となるのは「聖なる関係」

これから、おいおい解説いたしますが、残念なことに、ほとんどの人が、真実でない概念や考えかたを信じ、嘘の自分をつくりあげてきてしまいました。

その嘘を生きることには、多くの場合、苦しみやつらさがつきものです。

あなたが「神聖なる愛」に気づき、そして「本当の自分」を思い出してはじめて、その幻の世界から抜け出し、人間としての幸せを知ることができるのです。

その鍵となるものが、愛と光と癒しに満ちた「聖なる関係」です。

私たちが、悩みや不満を超えて、幸福な人生に導かれるためには、なによりも、この「聖なる関係」について理解していくことが大切なのです。

そして、あなたが浄化するワークをしていくと、すべてが一体であるという、「ワンネス」(oneness)の意識に近づいていくことができます。

そうして、本来のあなたの姿に変容することができるのです。それは愛と光の存在である、本来のあなたです。

◎聖なる母からの贈り物

「聖なる母」（Sai Maa）という尊い称号を授かっている私は、いま世界を回り、講演やエネルギーワークを各地で行っています。

そこでみなさんに、地球上で生きる真の目的と真実を説いています。

そしてまた、人はみな、あらゆる分野で成功し、繁栄すべきであるという考えに基づいて、豊かな感情と精神、繁栄、幸福、リーダーシップ、本当の自己表現、社会での調和を創《つく》り出していく原則などを、みなさんに伝えています。

私が来日し、また、こうして本を執筆しているのは、日本のみなさんに愛と光の本当の生きかたを伝え、そして癒しのエネルギーを贈りたいからです。

「聖なる関係」をテーマとして執筆した本書は、聖なる母からの、あなたへの聖なる贈り物です。

この本を通じて、あなたが愛と光に溢《あふ》れる、幸せな生きかたに導かれることを願っております。

目次

第1章　自分との関係性を健康的にする

第4章 夫婦関係に、尊敬と愛と思いやりを……77

第6章 さまざまな関係性と人生のありかた

エピローグ　日本から世界を変えていく …… 183

The Healing Power of Relationship

「聖なる関係」があなたを癒す

第1章
自分との関係性を健康的にする

◎自分のマインドとの関係性を健康的にする

自分との関係性をよくすることの大切さについて、プロローグで述べましたが、私たちは、環境の中とか、人生そのものの中で、自分との関係性が、ほとんどの場合、健康的ではありません。

それにともなって、自分とマインド（心、想念、思念）との関係性も健康的ではありません。

そして肉体との関係性も健康的ではなく、また、パーソナリティ（人格）との関係も健康的ではありません。

そのため、私たちは自分を受け入れて、進化していくことが難しくなります。

そして、今の世の中の状況を正確にとらえることが困難な状況になってしまうのです。

☆

マインドは常に動き回っていますから、統制するのは容易ではありません。

そこで、多くの人はマインドを抑えるだけでなく、マインドをなくしたいとまで思っています。

しかし、それは大きな問題です。マインドがなくなったら、人はいわゆる植物人間になって、何もできなくなってしまいます。

私たちが進化していくうえで重要なのは、マインドをなくそうとすることではありません。マインドとの関係がよくなり、健康的であることなのです。

マインドが健康的になれば、意識の状態も健康的になるのです。

◎低い波動を浄化し、光の状態に戻していく

私たちのマインドは、顕在意識・潜在意識・無意識・超意識のレベルに存在しています。

私たちが本来の自分の光の姿に戻るには、このマインドの層において、低い波動を浄化し、光の状態に戻していく必要があります。

低い波動とは、生まれる前からずっと受け止め続けてきた信念体系や固定概念であり、両親や環境などから引き継いできた情報です。

「私には価値がない」「私は誰にも好かれない」「学校で勉強しないと一生が台なしになる」

など、いろいろな考えがありますが、どれもが、ひとつの概念や限られた考え方でしかありません。そして、それは真実ではありません。

真実とは、百万年たっても変わらないものです。そうでないものは、それが社会の考えであれ、家族の考えであれ、真実とは言えません。

◎マインドとハートが統合されていく

愛することについて重要なことは、まずハート（愛のセンター、心臓部）の中にマインドをもってくることです。

そうすることによって、マインドとハートが統合されて、ひとつになります。

すると、ハートの愛で、物事を考えられるようになるのです。

そして、そのように統合されると、人生がもっと楽になるのです。

なぜ楽になるかというと、不満をいだくことや、争ったりすることや、苦しめ合うようなことがなくなっていき、癒しが増えていくからです。

癒しが増えてくると、調和が増えてきます。調和が増加してくると、平和が増大してくるのです。

すると、マインドフルネスという状態にいることを、私たちは感じてくるようになります。

そして、私たちの中に、本来、神聖なるもの、偉大なるもの、神なるものが備わっているということがわかってくるのです。

それは、内なる神の存在、「ハイヤーセルフ（高次元の自己）」や、「神性」と呼ばれる私たちの本質です。

◎日常生活の中で、自らの本質を表現する

幾世紀にもわたって、私たちはある信念体系を創り出してきました。

それはすべて、二元性に基づくものです。

たとえば私たちの生きる世界には、動きもあれば静止もあり、温かいものと冷たいものが存在しています。ものごとはペアで存在しています。

そうした二面性や両極性は、「分離」や「対立」や「勝ち負け」といった思考や感情、行動に結びついたものでした。

しかし、人類と地球は、最近、急速に進化しています。

二つの次元のエネルギーの合流から、何かが生じているのです。

私たちは、低い波動である「恐れ」に基づいた人生から抜け出し、日常生活の中で自らの本質（エッセンス）を表現するように変容しつつあるのです。

そして、この進化は、古い制度や構造が崩れ去るという段階に入りました。

◎私たちの本質とは、「愛」と「光」という波動

私たちの本質とは、「愛」と「光」という、最も高次の波動です。

そこには分離はありません。ただ「ワンネス」（oneness）だけが存在するのです。ワンネスとは、〝すべてが一体である〟〝一《いち》なるもの〟〝すべてはひとつ〟ということです。

喜ばしいことに、本来の私たちは、けっして孤独ではありませんし、今までも**ひとり**であったことは一度もありません。

ワンネスの意識は、高い次元である五次元のエネルギーとして、この地球に広がりつつあります。

私たちの意識を変容させ、拡大していくと、すべてが一体であり、すべてはひとつであるというワンネスが実感できるようになります。

また、私たちの魂は、あらゆる瞬間に愛し、貢献し、奉仕するために、人間の肉体を持って生まれてきたのだと理解することができます。

◎本来の、神聖なる姿を表現していく

私たちの中に存在する光は、創造そのものの光と同じものです。

光は私たちの波動であり、高次のエネルギーであり、神聖なる存在の現れです。

私たちの意識が、この高次の波動に統合されれば、本来の姿である、神聖なる「無条件の愛」「天恵《グレース》」「情熱」「献心《けんしん》（喜びの表現として他者に奉仕すること）」を、みずから表現することが可能になるのです。

その状態にあれば、私たちは人間として本来あるべき素晴らしさを体験でき、苦しみや苦労のない人生を送ることができます。

そして、それこそが人間の生まれもった権利なのです。

◎光を当てて浄化し、エネルギーを活性化する

すべてのエネルギーは、周波数の異なる波動です。

恐れや嫉妬、怒り、否定、批判などは、人を萎縮させたり、縮小へ向かう低い波動のエネルギーにすぎません。このような波動は、けっして人間の本質ではないのです。

私たちが低い波動にしがみつけば、それは脳内やエネルギー体の妨《さまた》げとなり、肉体のエネルギーの自然な流れが滞《とどこお》ってしまいます。

そして長い間の積み重ねで、妨げの度合いがあまりにも強力になると、痛みや苦しみ、場合によっては、病気として具現化します。

しかし、そういった妨げに光を当て、浄化すると、私たちのエネルギーは活気に溢れ、生き生きとしてきます。

そうすると私たちは、心身ともに力強く、健康で生命力に満ちた生き方を選ぶことができるようになるのです。

それは愛と光に満ちた、幸福な、本当の生き方です。

◎修行を積み、愛と光を体現する存在となった

私は聖なる愛と光のマスターです。

私がよくわかっているのは、「愛と光なしに進化することはできない」ということです。修行を積み、聖なる愛と光を体現する存在となった私は、「サイマー」（「聖なる母」）という尊い称号を授かっています。

サイマー・ラクシュミ・デヴィ（Sai Maa Lakshmi Devi）が、その名前です。

「ラクシュミ」は、豊かさ、成功、美、健康をつかさどる、インドでも最も広く信仰・崇拝されている女神《めがみ》の名前です。私は、インドの高僧、聖者の間で、この「聖なる母」(Divine Mother) のアバター（神の化身《けしん》）と見なされております。

またインドのヴィシュヌ聖人協会 (Vaishnav Saint Society) の２７００年の歴史の中で、女性としてはじめてジャガットグル（Jagatguru　最高位の精神的指導者）に選んでいただきました。それは２００７年のことです。

◎バランスのとれた意識と文化をもつ島に生まれて

私は聖者として、世界各地で目覚めへの導きを行ってきていますが、生まれたのはインド洋上の島国、モーリシャス島です。両親は敬虔《けいけん》なヒンドゥー教徒です。

この島に住む人々のハートはオープンで、無条件の愛を知っています。

女性も男性も平等に認められ、バランスのとれた意識と文化をもっています。

そこではカトリック、仏教など、さまざまな宗教が存在していますが、お互いを尊重しながら、みんなが仲良く生活しています。

信仰においても、たとえばヒンドゥー教徒と、キリスト教徒が一緒に、クリスマスを祝ったりします。人と人との間に宗教による垣根が存在しないのです。

私は両親の影響で、ヒンドゥー教を通して、神を学んでいきました。

それと同時に、モーリシャス島に存在しているその他の宗教も、すべて身近なものとして育ちました。

◎幼い頃からスピリチュアルなエネルギーがあった

私には幼い頃から、人を癒したり、ほかの人には見えないものが見えたりする、スピリチュアルなエネルギーがありましたが、祖父や父もスピリチュアルなパワーに富んでいました。

両親は、インテグラル・ヨーガの創始者であるオーロビンド・ゴーシュ（Aurobindo Ghose １８７２年〜１９５０年）の弟子で、家は多くの聖者たちの訪問を受けていました。

幼い頃の私は、聖人たちの魂が肉体を離れた話を聞くたびに、偉大な人が亡くなることに疑問をもっていました。

そこで、精神だけでなく、肉体についても学び始めたのです。

後年、「細胞は常に再生されている。肉体とは本来、永久に保たれるべきもの」という見解に達し、肉体を使ったワークを自ら行うようになりました。

◎物質社会で得た富を手放して

２０代のときに、私はフランスのソルボンヌ大学に進み、やがて妻として、母として生きる中で、次第に人類愛に目覚めていきました。

一方で、フランスのボルドー地域でワイン作りのビジネスを起業し、成功を収めました。心理学やカウンセリング、ヒーリングなどの資格も取り、セラピストとして長期にわたって三つの診療所を経営していました。その経験からボルドー市の市議会議員として、ヨーロッパの健康保険制度の改革にもつとめました。

家族とともに、インド、アメリカ、カナダ、中国などの国にも移り住み、それぞれの異なった文化についての理解を深めていきました。

美しい家に住み、経済的にも豊かな人生を送っていた私ですが、表面的には幸福のすべてを手にいれた生活の中で、やがて、それでも物足りない何かを感じるようになりました。

それを追究するうちに、その何かとは、物質世界には存在しないことに気がついたのです。

そして子育てを終える頃、家族と別れ、手にしていたものをすべて手放し、身ひとつで光と愛に奉仕する人生を歩み始めたのです。

◎人類への奉仕の道へ

幼い頃から光の存在を感じて育った私は、その後も父親やインドの聖者たちと、人生の謎について探求を続けてきました。

２０代後半には、世界的に著名なスピリチュアルの指導者、バガヴァン・シュリ・サティア・サイババ（Bhagavan Sri Sathya Sai Baba １９２６年～２０１１年）を師と仰ぐようになり、時間の許す限り通いつめて、多くのことを学びました。そして人道的活動を積極的にサポートしました。

また、インド中で敬愛されていた偉大な聖者シュリ・サトワババ・マハラジ（Shri Satuwa Baba Mahara ji １９１３年～２０１２年）をはじめとする、インドの最高レベルのグル（スピリチュアルな師）たちからも教えを受けました。

修行を続ける中で、それらの教えから、存在するすべての信仰と伝統を尊重することの大切さを学びました。

そして、東洋古来の教えの中に、西洋技術の新たな洞察を加え、宇宙の真理を見出したのです。

こうして私は、大いなる存在へのひたむきな献心と瞑想に時間を費やし、次第に自分自身の最大の可能性に目覚めていき、人類全体の意識の向上のために一生を捧げることになったのです。

その私が、日本人であるみなさんのために書き下ろした本書は、あなたが定着している信念体系や固定観念のパターンを見つめ、そして、それを意識して浄化し、みずから変容できるようにしていくものです。

第2章
男性性と女性性とのバランスをとる

◎神聖なる人間関係を築くために不可欠なものがあります。神聖なる「セクシュアリティ」

神聖なる人間関係を築くために不可欠なものがあります。

それは、神聖なる男性性と、神聖なる女性性と、神聖なる「セクシュアリティ」です。

神聖なる男性性と神聖なる女性性とのバランスをとる、その引き寄せ合うエネルギーがセクシュアリティ(sexuality)です。

そのセクシュアリティによって、神聖なる男性性と神聖なる女性性とが、自分の中で統合されていきます。

また、夫と妻の間とか、親と子の間など、自分と相手との間で統合されていきます。

こうして、神聖なる関係性がとり結ばれるときに、人は本来の統合に戻ることができ、ワンネスに導かれ、悟りに入っていくことができるのです。

◎自分の中の、男性性と女性性とのバランスをとる

そのバランスには、生活の中でのバランスもあります。

また自分の中の、神聖なる男性性と神聖なる女性性とのバランスをとることも含まれます。

それは、女性が男性みたいに強くなって、男性と張り合ったり、男性に戦いを挑《いど》んだりして、男性と同等だと認めてもらうことではありません。

女性として本来もっている芯の強さ、そしてやさしさ、思いやり、清らかさ、叡智と、心の豊かさ、家族愛などを、関係性の中にもち込んでいくことなのです。

また男性は、戦士のように闘争するのではなく、女性とバランスを取り合いながら、お互いに、物事がスムーズに回っていくようにすることです。

現代の社会は、そうしたバランスが崩れているために、力づくで問題を解決をしようとする、深刻な状況が生まれているのです。

◎家庭の中でバランスをとることが大事

これまでの男性優位の社会では、男性、女性を問わず、生き延びるために、男性的な要素が強められ、女性的な要素は押し殺されていました。

しかし、みなさんが神聖なる女性性を高めていくと、男性性と女性性とのバランスがよくなります。

そしてバランスがとれるようになると、関係性が神聖なものになっていき、生きていくことがもっと楽になっていくのです。

家族の中で、お互いを大切にし合いましょう。妻はただの家政婦ではありませんし、夫はただの給料の運び屋ではありません。

子供のため、お互いのため、世の中のために、と考えながら、男性性と女性性のバランスを取り合い、正常なバランスにしていくことが、家庭に聖なる関係性をもたらすのです。

◎セクシュアリティとセックスの混同

このセクシュアリティとかセックスというものは、そもそも時の始まりから、人間に伴うものであって、まったく自然なものです。

ところが、多くの人は、セクシュアリティとセックスと性的な器官をはっきり区別しないで、混同して考えています。

それは大きな誤解です。

人は関係性について、さまざまな誤解をしているのです。

先ほど触れた、自分とマインドとの関係性では、マインドなど、なければいいとか、マインドなどいやだと思う人もいます。

また、そんなことを考えている自分の思考なんかいやだ、という人もいます。

それと同じように、セクシュアリティに対しても、悪いものだとか、汚いものだと思い込んでしまい、セクシュアリティとの関係性についても、否定的な思いや、腑《ふ》に落ちない感情をいだいているのです。

◎セクシュアリティとの関係性を調和したものにする

セクシュアリティについて、人がこのように思い込んでいるのは、宗教や社会規範などに強く影響されているからです。

多くの人が、セックスとは汚いものだ、悪いものだ、間違ったものだ、自分にはよくないものだという固定観念を、潜在意識にもっているのです。

そのことが、自分の肉体や、自分の感情や、自分の気持ちを、自分で理解していく大きな妨げになっています。

セクシュアリティそのものは、断じて汚いものでも悪いものでもありません。大切なことは、セクシュアリティとの関係性なのです。

多くの人が、自分のセクシュアリティとの関係性を癒し、調和あるものにしなければいけないのに、それを誤った関係にしてしまっているのです。

◎潜在意識にあるマインドを癒していく

前項の、セクシュアリティとの関係性を癒していくことをはじめ、私たちの人生における癒しの鍵となるのは、潜在意識にあるマインドを癒していくことです。

つまり、私たちの人生において、大きな鍵を握っているのは、潜在意識の癒しなのです。

自分の内にある、広大に広がる意識を獲得するには、潜在意識を癒すところからスタートします。

そして、潜在意識を癒すことによって、私たちはこの人生において、愛、解放、自由、平和といった、素晴らしいエネルギーを獲得できるようになっていくのです。

私たちは、お母さんのお腹《なか》（子宮）の中で育っていきながら、どんどん、さまざまな情報をもらっています。

それらは全部、潜在意識の中に入っていきます。7歳ごろまでの情報は、そのまま全部、潜在意識の中に蓄えられています。

いいことも悪いことも、すべてそこに貯蔵されているのです。

◎罪悪感をもたないでほしい

みなさんの潜在意識には、何生にもわたって、そうしたいろいろなものがいっぱい溜め込まれています。

それらが、さまざまな問題が引《ひ》き金《がね》となって、表に上がってくると、悪いものや汚いものを溶《と》かしていくことができるのですから、相手によって表に引き出されることは、けっして悪いことではありません。

それを、引き出されてきたときに、「あなたのせいだ」などと言うと、関係性が悪化していくだけです。

相手にそのような態度をとるのではなく、

「あっ、自分の中に、暗いエネルギーやマイナスの波動があるんだ。だから、こういう問題が起きたのだ」

と認めるとよいのです。

そして、ネガティブな気持ちとか、否定的な考えや、マイナスの思考があっても、罪悪

感をもたないでほしいのです。

◎自分自身にウソをつくのをやめる

こういった潜在意識を癒すには、二つの方法があります。

第一の方法は、「認識」（awareness）を通して癒すことです。（認識については後述します）

もうひとつの方法は、「自分との関係性」を正しくすることです。

それは、自分自身にウソをつくのをやめることです。

ウソとは何かといえば、たとえば、つらいのに、無理にほほえんで、「なんでもないよ。大丈夫、大丈夫」と言ったりすることです。

そのように、自分自身にウソをつくことをやめれば、本来の自分を正直に表現することができるようになるのです。

そのように本来の自分を正直に表現することは、五次元の、高いエネルギーの表れです。（五次元については第８章で解説します）

自分自身との関係性を正しくすれば、高い次元のエネルギーを積極的に、自分のものにしていくことができるのです。

◎ハイヤーセルフなどとの関係性を高める

関係性には、さまざまなものがありますが、それらはけっして、それぞれ独立したものではありません。

ごく身近な関係性としては、親との関係性、子供との関係性、夫婦の関係性、友達との関係性、学校での関係性、職場での関係性などがあり、また社会との関係性や、大宇宙との関係性もあります。

そして、関係性のそれぞれが、とても大切です。

また、自分との関係性についても、自分の肉体との関係性、マインドとの関係性、ハートとの関係性から、自分のハイヤーセルフとの関係性、自分の魂との関係性、そしてパラマートマ（至高なる自己、絶対的存在）との神聖なる関係性に至るまで、関係性はすべてが、密接につながり合っています。

ハイヤーセルフとは、高次元の自己のことで、これに対して低次元の自己のことを、ロウワーセルフと言います。

ですから、自分との関係性を高めることによって、まず家族との親密な関係が可能になってくるのです。

◎自分との関係を見失っている状態

しかし、「あなたのマインドとの関係性はいかがですか」とか「あなたのハートとの関係性はいかがですか」とたずねると、ほとんどの人は答えられません。

なぜ答えられないかというと、自分との関係性を見失っているからです。

自分が見捨てられている、と感じているのです。

しかし、実際は見捨てられたわけではありません。道に迷ってしまっているのです。

この大宇宙との関係性や、神聖なる存在と自分との関係性を見失っていて、自分のことがわからなくなっているのです。

つまり、自分との関係性が、分離された、ばらばらの状態になっているのです。

そのため、人との関係性も、同じく不調和な関係になっているのです。

ですから、まず自分との関係性をよくしていくことが重要なのです。

そして、あれこれ人のせいにしたり、いろいろな制約を設けたりするのをやめることです。

第3章
人間関係の原点は親子関係にある

◎人はリュックサックに問題を入れて、背負っている

私たちは本来、光の存在です。創造の根源とつながっている、偉大なる自分があり、ハイヤーセルフなど、いくつもの次元に存在している自分があり、この地球上にいる自分につながっています。

ところが、その偉大なる自分から遠ざかってしまい、個人的に問題をかかえて、そこに、ねたみ、不満、恐れといったエネルギーがあると、自分のリュックサックに、そうした波動の低いエネルギーがつまった問題を入れてしまいます。

そして、それを背負って、つらい思いをしながら人生を歩んでいくことになるわけです。

人はみな、前世と今世で問題をたくさん持ち込み、そのいっぱいの荷物が入ったリュックを背負っているのです。

そして、ふだんの人間関係にも、いろいろな問題や、ネガティブなエネルギーを入れているのです。

つまり、いろいろな問題や、ネガティブなエネルギーを、自分とつながる、さまざまな関係性の中に持ち込んでいるというわけです。

◎一番初めの人間関係は親子関係にある

そもそもの、一番初めの人間関係は、親子関係から来ています。

親子は人生で最初に出会う人間関係ですから、さまざまな人間関係の原点は親子関係というわけです。

子供は親の言ったこと、行ったことを拾いますから、子供は親が口にした言葉を、無意識に言っています。それが潜在意識に入っているからです。

そのようにして人は、自分と親との関係性を、自分と子供との関係性に移し替えてしまうのです。

夫婦関係、異性との関係についても、同じことが言えます。

それが、パートナーとの関係や異性との関係がうまくいかない場合の大きな原因であったりします。

両親からもらっているものを関係性の中に入れていき、相手との関係性を、自分の親と同じようなものにするのです。

また、自分の親（娘なら父親、息子なら母親）と似ている人を引き寄せたり、逆に反発したりします。

人は、自分と親との関係性を、あらゆる関係性に移し替えてしまうのです。

◎浄化してこそ、聖なる関係性は築ける

このように人は、さまざまな人間関係を、自分で創りあげていきます。

つまり関係性は、自分がもっているもので、創りだしているということです。

関係性そのものはポジティブでもネガティブでもありません。中立なのです。そこに入れるものによって変わるのです。

自分がそこに入れるものが変われば、その関係性は変わっていくのです。

ですから、聖なる関係性を築こうとするならば、本当はお互いにワークをして、それぞれが自分の潜在意識の中のさまざまなものを浄化して、解決していかなければいけないの

です。

浄化していくというのは、愛とか思いやりとか献心《けんしん》とか純粋さというものを、関係性に入れていくということです。（献心とは、自らを犠牲にしたり、義務感から行ったりするのではなく、ハートからの喜びの表現として、他者に奉仕したり尽くしたりすることです。）

そのためには、自分の中で完成されていて、平和で、人への依存心がなく、お互いに尽くしあっていく、ということが大切です。

相手に頼ったり相手から何かをもらったりする依存心がある限り、相手との聖なる関係性は築けません。

◎期待で始まる親子の関係性

みんながお互いに期待し、期待されています。

家庭でも、親が子供に、「幸せになってほしい」という名目《めいもく》で、期待をかけています。

ところが子供にとっては、親から期待され、その期待に応《こた》えようとしても、それに百パーセント応えることは不可能です。

したがって、最初から、親からの期待のもとで関係性を創っていくと、その期待は必ず裏切られます。

ところが、それは裏切りではないのです。もともと、無理な期待を立てているのですから、期待にそぐわないのは当たり前なのです。

「あなたは、やってくれるはずだったでしょう」などと子供に小言《こごと》を言っても、しかたないのです。

◎関係性というのは共鳴のことでもある

ですから、関係性というのは「共鳴」のことでもあります。

たとえば、お父さんがすごく怖《こわ》い人だったという場合は、結婚相手に、同じような怖い人を見つけたりします。

お父さんが酔っ払いだったという場合は、アルコールの問題をもっている人に惹《ひ》きつけられます。

人はこのように、似たような関係性をもつことを、人生で繰り返しているわけです。

こうした関係性の問題は、潜在意識をきれいにすることからスタートし、後述するような、光の存在に変容していくワークなどを行って、解決していくとよいのです。

自分との関係性から出発して、自分の魂との関係性、自分の神性との関係性を築き上げていくと、それらはつながっていますから、誰とも、すごくよい関係をもつことができるようになります。

そして、誰とも、お互いに共鳴しあうようになるのです。

◎子供が世の中で完全なる存在になっていくための育てかた

子供が親に依存するのは当然であって、幼少期には親無しでは生活できません。

ただし、健康な親子関係を築くには、親は子供を大切にしながら、子供の依存心を強めることなく、だんだん自立させていくようにすることが大切です、

つまり、子供が自信をもつようにし、世の中で完全なる自分になっていくためのツール（方法）を提供する教育をしていくことです。

自分との好意あるつながりを知って、自分がこの世の中でどう生きていくとよいのか、

どう人と接していくとよいのか、ということを親が教えてくれたら、子供は聖なる関係をもてるようになっていくのです。

ところが大半の親は、関係性に何を入れていけばよいのかということを学んでいません。そのため、何かに行き詰まると、弱くて、いちばん近くにいる子供との関係性に、その問題やネガティブなエネルギーを入れてしまうのです。

◎引きこもりの原因とは

親子の人間関係で、重要な点は、ここにあります。

親の期待が強いと、子供は親との関係性に、自分らしさを入れていくことができません。

また、子供は逃げられず、選ぶことができないので、親のいろいろなエネルギーに自分を合わせるようにし、親の言う通りに動くようになります。

そして、それができない場合は、引きこもってしまうのです。

引きこもりは、関係性自体が危険に感じられるため、こわくて、世間全体との関係を絶ってしまうことです。

世間から何も入れたくない、受け取りたくない、そのように思って、みんなとの関係性を閉ざしてしまうことを覚えてしまうのです。

そして、その状態が続いてしまうのです。

そうした引きこもりの人たちは、我慢を続けていて、我慢していることさえわからなくなっているのです。それが普通の状態になっているのです。

外に出かけたってしょうがない、人と話したってしょうがない、自分を表現したってしょうがない、そう思い込んでいるのです。

◎登校拒否の子供たち

現代の関係性における、少なからぬ問題は、教育と関わっています。

たとえば子供が、学校とまったく合わないというケースが見られます。

とくに今の子供たちには、通っている学校が合わないということが多いのです。そして合わないために、自分にとっては危険だから、といって退《ひ》いてしまうのです。

子供と本当に合う教育システムの、子供にふさわしい学校に行けば、今の子供たちは意識が高まって生まれてきていますから、問題はないはずです。

しかし、三十年前、四十年前と変わらない教育制度では、その子供たちに健康な関係性を与えることはできないのです。

学校の先生がわかってくれないばかりでなく、まわりもいじめなどが多かったりします。

部活などに苦しんで、登校拒否になったりする子供もいると聞きました。

◎子供の魂の声に耳を傾ける

登校拒否の場合は、自分の魂があそこには行かないでくれ、と呼びかけているのです。

今の子供たちは、そういうことが多いようです。

「あの関係は私には有毒だから、行かせないで」

魂が声なき声で、そう言っているのです。

ですから、その声に、親は真剣に耳を傾ける必要があります。

現在の親世代は、旧態依然とした教育制度の中で、なんとか問題をクリアしてきたわけですが、今、生まれてきている子供たちは、もっと波動が高く、もっと繊細ですから、親も、教育方法も、変わっていく必要があるのです。

◎子供に、世の中との関係性を教えていく

これまでの日本のやりかたでしたら、子供がいやだと言っても、

「いやでも、平気な顔をして、やりなさい」

などと言って、親は子供に我慢を強《し》いていました。

そのため、子供は親に真実を表し出せなかったのです。

親が子供に真実を伝えさせようとするならば、そのような言葉を口にするのではなく、

「なぜいやなの？　何がいやなの？」

とたずねるところから始めます。

子供の立場として、「いや」と反応的に出るのは、すべて無意識なのです。

潜在意識の何かが揺さぶられて、そうした反発の言葉がパンと出てくるのです。

◎規律の中で、自分と世の中の関係を教えていく

かといって、子供の言うことをなんでも聞く必要はありません。

子供にとって大切なことは、過保護ではなく、規律です。

子供は2歳くらいからエゴが育ってきます。その時期から「いやだ、いやだ」と言い出し始めるのは、自分のエゴが社会などを試そうとし始めるからなのです。

ですから、その時期に、親がなんでも「いいよ。いいよ」と言っていくと、エゴがどんどん大きくなってしまいます。

そうしたことをふまえて、その中で、子供の中の光の存在を育てていきます。

そして、自分と世の中の関係を教えていくのです。

たとえば、

「自分がそういうふうにやっているときは、相手はどういう気持ちになると思う?」

「相手がそういうときは、自分はどういう気持ちなの?」

というふうに、誰かとの関係性を最初から教えていくことが大切なのです。

◎自分のとる行動に対して相手が反応する

そのように、子供の気持ちをまず尊重して、「自分にとって」の関係性を、小さい頃から教えていきます。

これまでの教育制度では、そうした関係性を教えることが欠けていて、相手をいやがり、自分だけを中心にしていくか、それとも、相手のいいなりになるか、という教え方なのです。

関係性がわかってくると、大人《おとな》でもそうですが、自分のとる行動に対して相手の反応がある、ということが理解できるようになります。

ですから、相手から「おもちゃを貸してほしい」と言われて、「貸したくない」という場合は、

「それは私にとって大切なものだから貸したくない、こっちだったら貸してあげる。じゃあ、これでいい？」

というふうに話し合いをして、こころよく貸して、気持ちよく一緒に遊ぶようになるわ

けです。

◎なんだかわからないけれどモヤモヤしている原因

親が関係性について理解しないまま、子供がそれぞれ何を欲しているか、ということがわからないと、子供同士でいさかいなどが起きたとき、その解決法が見つかりません。

そして、ただ潜在意識のぶつけ合い、エゴのぶつかり合いで終わってしまいます。

すると、そういった体験を重ねて成長した子は、大人になっても、なんだかわからないけれどモヤモヤしている、ということになるのです。

そして、ほかの人に対して、「あなたの、その顔つきがむかつく」などという言葉を口に出すのです。

じつはそれは、自分の中に、さびしさとか、つらさがあるためなのです。

小さいときから、そうしたさびしさ、つらさを処理する方法を教えてあげると、そこまで大きく爆発することはなくなるのです。

◎我慢しているから爆発する

人は我慢しているから、爆発するのです。

我慢をするということは、潜在意識から表面に上がろうとしていることを、潜在意識にまた押し戻していることです。

私たちの潜在意識は常に、汚れを落とし、きれいになって、空《から》っぽになろうとしています。そうして、本来の自分に戻ろうとしているのです。

人間の体は、何かで傷つくと、白血球がやってきて治癒《ちゆ》します。そのように人間は自分の体を、本来の状態に戻そうとする力をもっています。

それと同じように、人間は精神的にも、本来の自分に戻そうとしています。

ですから、いろいろなことで苦しんでいるとき、それを浄化し、自分から手放そうとして、無意識に言葉が出てくるのは、自然な流れなのです。

それは、自分の中から変容していくために、潜在意識から浮上してくる言葉なのです。

◎子供を抑えつけてしまうと、行き詰まってしまう

つまり、親に対する反発の言葉などが、子供の潜在意識から出てくるのは自然なことであって、それをどうやって処理すればよいか、親は教えてあげればよいのです。

親にとって一番簡単なやり方は、駄々《だだ》をこねたりする子供を抑えつけてしまうことです。

しかし、「我慢しなさい」のひとことで終わってしまうと、子供は行き詰まってしまいます。

そして、どこかで爆発するか、完全に閉じこもることになってしまいます。

◎親のちょっとした行動で、子供を浄化できる

子供は小さいときはうまく言えませんが、親が「我慢しなさい」などと言うと、途方に暮れてしまうのです。

親はそういう言い方をするのではなく、「何が悲しいの？　どうしたの？」と声をかけ

てあげるとよいのです

すると、子供は泣き出すかもしれません。

そのとき、親がグーッと抱きしめたりすると、その瞬間、子供の気持ちが浄化されるのです。

このように、反発する子供に、親がやさしく話しかけてあげたり、本を読んであげたり、抱いてあげたり、聞いてあげたりすることで、子供は浄化できるのです。

ただし、子供がきちんとすべきところはきちんとするように、導いていくことも大切です。

そのバランスの取り方は、親にとってたいへん難しいところなのです。

◎私は、子供がしっかり自立できるように教育した

今は若い世代は、子育ての仕方を親から学んでいません。親から学べない環境が増えてきたことも、その一因です。

インドの場合は、結婚する前から、夫婦関係、性的関係、子育ての仕方などすべてを親

から学ぶのです。

私は二人の子供を産んで育てたほか、養子の子供を二人育てました。またオペア（ベビーシッターや家事の手伝いなどをしながら言語を学んでいく留学の方法のひとつ）として、子供の世話をしたこともあります。

私は、生まれ育ったモーリシャス島を離れて、自分の道を歩むためにパリに行き、住み込みで家事と子供の世話をしながら、学校に通って語学を学ぶオペアとなり、生粋《きっすい》のフランス語を習得したのです。

結婚して、二人の子供に恵まれ、私たち家族は、カリフォルニア（アメリカ）、モントリオール（カナダ）、上海（中国）などで暮らしました。

その子供たちに、私は多くの愛を捧げて生きてきました。

そして、子供たちが幼い頃は、いずれはしっかり自立できるように教育してきました。

◎子供と話すときは、しゃがんで、対等で

その私がみなさんによく言っている、次の言葉があります。

「もし双子が生まれて、ひとりは私に預けて、もうひとりはその親のもとで育ったら、まったく違う性格に育ちますよ」

それは、聖なる関係に基づき、深い愛をもって子供を育てたら、その子は思いやりがあり、理解力があり、知恵と心が豊かで、慈《いつく》しみに溢れる人に成長するからです。

私は子供と話すときは、上から話すことはけっしてしません。しゃがんで、子供のところに下りて、対等で話します。

また私は、希望する学校に合格したい、と言ってくる子供たちに、もっと勉強をするといいね、と話す場合は、

Work hard.（努力しなさい）という言葉は使いません。

Work well.（よくおやりなさい）と言います。

よく親はカーッとなると、子供に向かって、「どうせ、あなたなんか勉強できないんだから」とか「頭が悪いのは、お父さん似なんだから」といった、ののしりの言葉を口に出しますが、そういう言い方は禁物《きんもつ》です。

◎お互いに素晴らしいものを見い出す関係性に変えていく

子供に得意不得意はあって当然です。個性はみな違うからです。その中で、親は子供の得意なものを見い出す、育てていきます。

絵を描くことが上手な子もいれば、手で何かつくりあげることが得意な子もいます。唄を歌うのが得意な子もいます。

そのよう素晴らしさを自分がもっているということを、ひとりひとりの子供に知ってもらえば、子供たちはまったく違ってくると思うのです。

そして、「ぼくは数学が大好きだけど、あなたは絵がすごく上手だね」というふうに、お互いに、いいところを見ていくようにすることが大切です。

ところが、今は、相手のけなす点を探し出す、あら探しの社会になってしまっているのです。

そういった、けなしあう関係性を、お互いに素晴らしいものを見いだせる関係性に変えていかなければなりません。

そのことが実現すると、世の中はだいぶ変わります。

◎子供には必ず、上向きになってくる言葉を使う

みなさんの本当の姿は、みんな等しく、神聖なる、素晴らしい、輝かしい光の存在です。ところが、「私はできない人間なのだ」「私はダメな人なのだ」などと言葉にしてしまうと、言葉というのはとてもパワフルですから、自分をそう思い込ませてしまうのです。

とくに、英語で言う「私は」（I AM）に続く言葉はとりわけパワフルですから、それを言葉に出していくたびに具現化していくのです。

ですから子供には絶対に、卑下《ひげ》したり、自分をけなしたりする言葉を使わないようにすることが肝心です。

そして、「私は光です」「私は愛そのものです」とか、「私は思いやりに溢れている」というように、自分の本来の姿や、本当になりたいものや、本当になりたい要素を言わせることです。

そのように子供を導けば、自分の本当の特質を育てることができるのです。

「私は数学が大好きで、できるんだよ」「私は、国語はちょっとむずかしいけれど、やってみる」というように、前向きになってくる言葉を、自然と子供が使うように導きましょう。

◎「私は疲れている」という言い方はしない

私も、私の周囲の人たちも、「私は疲れている」という言い方は全然しません。疲れているのは肉体であって、私は（I AM）疲れていないのです。

同じように「私は病気」などということもないのです。「私」は偉大なる存在であって、けっして疲れることもなく、けっして苦しむこともなく、病気になることもないのです。

怒りがあったら、「いま、自分の中に怒りがある。でも、私は怒っていない」と言うのです。

すると、その怒りを、自分ではないものとして見ることができるのです。

ところが「私は怒っている」というふうに、「私は」の言葉をつけると、自分が怒りそのものと一体化してしまうのです。

こういうふうに、言葉の使い方によって、そのものとの関係性、そのものとのエネルギーがまったく変わってしまうのです。

◎その人との関係と怒りとは別のもの

関係性の中には、エネルギーとの関係性もあります。

そのエネルギーに何を与えているか？

そのエネルギーに、自分のパワーを全部明け渡してしまっていないか？

そのエネルギーを客観的に見ているか？

――それによって、その関係性は大きく変わります。

エネルギーを客観的に見ていれば、そのエネルギーを溶《と》かせるのです。これが重要な点です。

いま、その人の中に怒りのエネルギーがあがっているのだ、という客観的な見方ができると、その人と怒りは別のものであって、怒りがなくなると、その人はどこも悪くない、ということがわかってきます。

その人との関係性と、その人の中にある怒りとは、別のものです。今までの、一般に思われていた関係性は、怒りイコールその人ですから、その人との関係性は、怒りとの関係性になってしまうのです。

そのように、エネルギーを客観的に見ていくことができるようになると、意地悪《いじわる》な態度をとっている相手に対しても、

「相手は意地悪ではない。そして相手の中の意地悪に見えるエネルギーはどこから来ているのかといえば、その人からではない」

ということがわかってくるのです。

◎日本の少子化について

日本では生まれる子供の数がどんどん少なくなっている、という日本の少子化の記事をアメリカで目にしました。

女性が社会の中で苦労しているということや、共働きのため子供を産んで育てていく余

裕がないことや、結婚願望が減っていることなど、いろいろ理由はあるようですが、この傾向が続くと、四十年後、五十年後の日本はどうなってしまうのだろうか、と懸念《けねん》しています。

子供が減っていくと同時に、日本の文化が消滅に向かう危険性もあります。

そのためにも、ひとりでも多くの人が、さまざまなことと聖なる関係をもち、そして、バランスをとって生きていくようにしてほしいのです。

第4章

夫婦関係に、尊敬と愛と思いやりを

◎夫婦の関係性についての誤った理解

結婚するときには「あなたを絶対、幸せにしてあげる」などと、相手は約束の言葉を口にするものです。

しかし、ほかの人があなたを幸せにすることはできません。

幸せは、自分の中からしか来ないのです。

ですから結婚についても、いろいろな誤った期待と、関係性についての間違った思い込みのために、たくさんの人が、最初から失敗しているのです。

そして、「このくらいは我慢しようか」とか「これでなんとかやっていこう」とか、「あきらめて、このままいくしかない」などと言って、忍耐を続けることになるのです。

お互いに譲り合い、毎朝「あなたに会えてうれしい」とほほえみを交《か》わし合い、何十年も、新鮮な気持ちでいるかどうかといえば、たぶん大半の人はそうではないことでしょう。

おそらく、慣れきって、完成されていない二人がただ一緒にいる、というのが日常生活ではないでしょうか。

聖なる関係になれば、相手（パートナー）に求めるのではなく、まず自分の中で愛情を満たし、自分の中で意識を高めます。

そして、本来の自分を理解し、自分の中で癒し、自分を完成させます。

自分との関係性を満足させていますから、相手に対して求めるのではなく、相手に、これだけのものを尽くせますよ、ということになるのです。

そうすれば、相手が何かの問題で怒りや不満や恨みをぶつけてきても、それに対してムキになって反応するようなことはなくなり、温かく受け止めることができるようになるのです。

◎愛による癒しの鍵は、受け入れること

相手が自分をどういうふうに愛していようとも、また自分が相手をどういうふうに愛しようとも、その人なりの愛の仕方でしかありません。聖なる愛ということを理解しない限り、本当の愛にはならないからです。

しかし、愛しかたや愛の形がどうであれ、そのことに問題はありません。

大切なのは、自分について、それでいいと認めること、そして受け入れることです。それと同時に、相手が自分と違っても、それでいいと認めること、そして受け入れることです。

そのことができるようになれば、癒しの人間関係になってくるのです。

つまり、愛による癒しの鍵となるのは、受け入れることなのです。

そのためには、「私はあなたに、こんなことを期待している」――そのように、オープンに、自由に言えるような関係性になることが大切です。

◎関係性の中に尊敬、愛情、思いやりを入れていく

このように、結婚や家庭生活においても、自分と相手との関係性がなによりも肝心なのです。

関係性の中に、相手が入れてこようとするものを、無理に押し込めようとしないことが大切です。

また、相手から、自分が求めていた期待が戻ってこないと、不満やイライラにとどまらず、見捨てられた思いとか、憎しみとか恨みとか怒りといった感情も生じてきて、離婚に至ったりします。

お互いに、尊敬、愛情、感謝、思いやりを入れていくという関係性であれば、悟りに向かって、大いにエネルギーを向上させることができます。

◎関係性は、エネルギーを鏡のように映し出す

ところが、ふつうは、同じエネルギーの人が引き合って、結婚していますから、前の人と別れても、また同じような相手といっしょになって、同じような問題を引き起こし、そして問題を相手のせいにするのです。

アメリカでは結婚した人のほぼ五〇パーセントが離婚し、一度離婚した人のほぼ七〇パーセントが、再婚をしてもまた離婚をするというデータがあります。

このデータからも明らかなように、結局、多くの人は関係性の中に、同じエネルギーを入れていくということを繰り返しているのです。

またエネルギーについて知っていただきたいことは、自分の姿（自分のエネルギー）は、自分には見えませんが、相手の姿に自分の姿（自分のエネルギー）が映っている、ということです。

つまり関係性は、自分と相手のそれぞれのエネルギーを、鏡のように映し出すものでもあるのです。

◎尊敬を忘れた、けなす言いかたはよくない

日本で、ある男性から、奥さんを「ふつつかな妻です」（My careless wife）と紹介されて、びっくりしたことがあります。

また、日本では「愚妻」（My stupid wife）という言いかたもあるそうです。

そうした日本語は、へりくだった、謙遜の表現とのことですが、「聖なる母」（サイマー）という名前をいただいている私にとって、妻をおとしめて紹介している夫の姿は、驚き呆《あき》れるものでした。

自分を下げて言っているつもりが、妻を見下《みくだ》した言葉になっているので、どこかずれて

しまっています。

自分とか自分の家族をけなし、それによって相手によく感じてもらいたいのでしょうが、それはおかしなことです。

パートナーを尊敬し、自分も尊敬し、同等に尊敬しあう関係性になっていかなければいけません。

◎自分も素晴らしいけれど、あなたも素晴らしい

そのように、自分を卑下《ひげ》したり、自分の家族をけなしたりすることは、自分の子供に対しても、「自分が認めてもらうためには、自分がダメ人間にならないといけないよ」と言っているようなものです。

子供はそういった親の態度を納得《なっとく》することはできません。しかし子供は、自分のいいところを押し殺さなければならなくなるのです。

つまり親は、自分のいいところを見せてはいけない、というような妙な形での謙虚さを、子供に教えてしまっているのです。

そのような、誰かが上で、誰かが下という上下関係をつけるのではなく、自分も素晴らしいけれど、あなたも素晴らしいという教え方が大切なのです。

◎潜在意識と、夫婦の人間関係

潜在意識には、私たちの過去の体験のすべてが貯蔵されています。そこには、良いも悪いも、過去も未来もありません。たいていの場合、今置かれている状況に共鳴するものが、波動によって無差別に浮上してきます。

夫婦の場合、ハネムーンのときはお互いに、「大好き」といった明るい感情が浮上してくるため、それらを関係性に入れているわけです。

ところが、慣れてくるにつれて、潜在意識にあるいろいろな、いわゆるネガティブなものも、次々と出てきてしまいます。そうして、関係性に入ってくるものが好ましくないものになってしまうわけです。

二人のそういう関係が続くと、最終的に争いともなります。

家族関係の、いろいろないざこざも入ってきたりして、怒りのエネルギーが強まり、関係がどんどん悪化し、お互いに引きずり下ろしていくようになるのです。

こうして、離婚に至る人たちが少なくありません。

この地球上にいる大半の人が、そのように混乱したネガティブな人間関係にありますから、幸せになれず、大きく言えば戦争も招いているわけです。

◎自分のほうから関係性をダメにしてしまう理由

つまり人は、自分のもっているネガティブなもの（自分の否定的なエネルギーや波動など）を誰にでも持ち込んでしまうと、何をしても、自分から関係性を汚染してしまうのです。

そして、自分のほうから関係性をダメにしてしまうのです。

たとえば、いくらパートナーがほしいとか、出会いたいと思っても、自分の潜在意識の中に、自分は愛されないという気持ちがあれば、その気持ちを関係性に入れてしまいます。

そして、その関係性の中にいますから、絶対に愛してくれない人しか引き寄せないのです。

また、結婚して、最初のうちは相手（パートナー）のことを嬉しく思っていても、やがてある時点で、夫の方は「まるで僕の母親みたいなことを言っているね」と、不満の言葉を口にしたり、妻の方は「あなたは私のお父さんとおんなじことを言っている」と、こぼしたりするようになるのです。

なぜかといえば、両方とも、両親との関係が改善されないままで、不満や怒りなどを潜在意識にもっているからです。

自分の潜在意識の中に、相手に何かしてほしい、という不足感があったら、相手からは、その不足感に関連するものしかもらえません。

また、潜在意識の中に怒りがいっぱいあったら、それに共鳴する人と出会うわけです。

◎貯蔵庫にあるネガティブなものが出てくる

夫婦はお互いが、似たようなエネルギーを持っています。

夫は関係性にきれいなエネルギーを入れていき、妻は関係性に汚いエネルギーを入れていくということはないのです。

二人とも似たようなエネルギーをもっているため、共鳴し合って結婚するわけですが、最初はうわべの、お互いのいいところが出てきても、いずれは自分の潜在意識、無意識の中の貯蔵庫にあるネガティブなものがどんどん出てきます。

つまり、はじめのうちはお互いが共鳴し合いますが、何かが引き金となって、貯蔵庫にあるものを引き出しますから、その関係性が有毒なものになると、いずれ破綻《はたん》をきたしてしまうのです。

◎不倫という関係性について見逃してはならないこと

日本では不倫、浮気が多いということを聞いて、私は驚いています。

不倫や浮気というのは、満たされない同士が寄り集まって、そういう状態になっているのですから、そうした関係の人に対して、よくないことをしている、などと批判することはできませんが、はたして、それで本当に幸せなのでしょうか、と問うことはできます。

不倫、浮気のために、三角関係だけでなく、四角関係や、五角関係などまで生じてくることもあります。

魂の目的からして、そうした関係性が自分の本質に戻っていくための役に立っているか、という問いかけです。

◎夫婦の問題を一緒に解決し、自然に乗り越えていく

夫婦は、もちろん二人揃って、神聖なる関係性を築き上げるように進んでいってほしいのです。

しかし、一方が浄化を続けて、進化の道をどんどん進み、もう一方が浄化して進化する道には入りたくなかったら、二人のエネルギーのバランスが崩れ、不釣り合いになってしまい、お互いにつらくなってきます。そして問題も生じてきます。

しかしお互いに、根本的な思いやりがあり、尊敬しあい、愛の絆《きずな》がとても強ければ、そうした夫婦の問題を一緒に解決し、二人をさえぎっていた壁を自然に乗り越えていくことができます。

大切なのは、お互いに、相手（パートナー）がそれぞれ浄化し進化していくことを尊重することです。

一本の木に、花がたくさん咲いてきますが、すべての花が同時に、揃って開花するわけではありません。人間の場合も同じです。進化の道の、その道のりや歩み方は人それぞれであって、すべての人がまったく異なっているのです。

ですから、相手の浄化が進んでいないとか、進化が遅いということを、相手に感じさせるようなことはしないでください。それは相手を傷つけることになってしまいます。

私は、カップルがみんな、週末は一緒に過ごすことを勧めています。週末を夫婦水入らずで過ごすことが、二人のエネルギーのバランスをとっていくうえで大切なのです。

◎人間関係についての三つ目の要素

夫婦の関係性を含めて、人間関係を考えるとき、そこには三つの要素がある、ということを理解するとよいのです。（口絵を参照）

人間関係について、ほとんどの人は、二人の人間が関係性を創り上げていると思っているのですが、この図を見るとわかるように、じつは三つ目の要素があるのです。

それは、「二人の間の関係性そのもの」なのです。

そのように、関係性自体がひとつの生きた要素です。

実際の人間関係は本人同士ですけれど、その間《あいだ》にある関係性というものは、エネルギーをもった生きた存在なのです。

◎怒りや嫉妬を自分のものとして認め、変容させていく

そしてまた関係性とは、プロローグで述べたように、自分と周囲のすべての人との間にあるもので、それをお互いの間にあるチューブだと想像することができます。

ですから、そのチューブにどんなエネルギーを入れていくかということによって、その人との関係性がどんなものになるかが決まってくるのです。

そして、その関係性の中に自分が何を入れているかが見えてくると、自分の中にあるエネルギーが明確に見えてくるのです。

人との関係性がないと、潜在意識の中に潜んでいたものが引き出されて、表に出る機会が生まれません。

聖なる関係性を築くための私たちの責任というのは、自分が潜在意識に入れてしまった、

ネガティブな暗いエネルギーを、自分のものとしてまず認め、そして変容させていくようにすることです。

この怒りは自分のもの、この嫉妬《しっと》は自分のものとして認め、みずから責任をもって、高い波動のエネルギーへと、ワークを通して変容させていくようにするのです。

◎暗いエネルギーを、ハートに入れて溶かす

そうしていくと、自分のオーラもだんだんきれいになっていきます。私たちのオーラは本来きれいなのですが、低い波動で濁らせているのです。

幼い頃から入れていった、ネガティブな、暗いエネルギーが、潜在意識にいっぱい溜め込まれているからです。

その暗いエネルギー、低い波動の、いろいろなものをどうすればよいかというと、ひとつの簡単な方法は、お腹にあるところから、ハートに持ち上げて溶かす（変容させる）ことです。

この方法は、第7章で紹介いたします。

第5章

周りの人との関係性が変容する

◎人生における深いレベルの絆

人生を左右するような重要な人と、縁があって出会うことだけでなく、生涯の指針となるような貴重な教えに、ふとしたきっかけで出会うこともあります。

それは、ただの表面的な出来事ではありません。

そうした関係性が生まれるのは、心の深いところからくる、この世に来る以前からのつながりであることが多いのです。

その関係性が、偉大なる自分や、高次の自分（ハイヤーセルフ）のレベルの、あるいは自分の魂のレベルの、深い絆だったりする場合もあります。

ですから、私たちは、そういった深い関係性を大切にし、その意義を肝に銘じながら、人生を歩んでいくことが大切なのです。

◎前世からの関係性もある

Ａ－Ｚスーパーセンターの経営者・牧尾英二さんと私との関係性も、深い関係性についてのとてもよい例です。

Ａ－Ｚは、鹿児島の過疎地《かそち》に年間６５０万人以上のお客さんが集まる、桁外《けたはず》れの超巨大スーパーセンターとして有名であると聞きました。

牧尾さんは、これまでのいろいろな常識を打ち破った、「利益第二主義」の経営哲学で知られる経営者だそうです。

牧尾さんは、サイマー・ジャパンの活動に賛同し、大きなサポートをしてくださっています。

牧尾さんと私との関係性は、今世に始まったものではありません。

この例のように、私たちはみな、生まれるときには、自分にとって重要な人と人生で出会うことがわかっています。

◎人に行ったことは、エネルギーとして、自分に戻ってくる

私たちは、いろいろな人間関係をもっています。

人間関係があまりにも煩わしいからといって、人里離れた山奥の、誰も住まない洞窟で過ごしていきたいと考える人がいるかもしれません。

それは大変なようですが、ある意味では楽なのです。

人間関係のさまざまないざこざに巻き込まれず、人間関係の汚さのあれこれに触れずにすみますから、純粋でいられるわけです。

純粋さといえば、子供は生まれたときは純粋であり、純白です。

その子供がふつうに体験して成長していくのではなく、悪い仲間に入って、乱れた生活を送っている若者もいます。

それらの若者を見ると、暗い闇の中に入って、そこを通り抜けていかなければならないのかと、つらい思いがします。彼らはとても大変でしょう。

そうした人たちは、この世に、そこまで苦しむために来たわけではありませんが、カルマが働きかけているのです。（カルマについては次章で解説します）

自分がどこかで行ったことが、エネルギーとして、自分に戻ってきているのです。

◎魂としての深い学びをして、成長する

人間は、この地球で、いちばん暗い、低いところから、もっとも明るい、輝かしいところまで、幅広く体験するために生まれてきているのですから、そうした人は、ある意味では、その目的を果たしてもいるのです。

ただし、その度合いが強すぎて、行きすぎてしまっているのです。

そういった人は、ひょっとすると、今生《こんじょう》ではじめて地球に来て、これだけいろいろな物事にさらされている魂なのかもしれません。

そして、成長のために、さまざまな体験をしているのかもしれません。

人は体験し、知ることによって、深い学びができますから、魂としての成長ができます。

しかし、地球にたびたび生まれ変わってきて、たくさんの学びをしてきた魂も含め、みなさんは、いうなれば高校一年生のまま、ずっととどまっているのです。

私がみなさんにいろいろ申し上げていることは、ここで一気《いっき》に、高校を卒業して、大学に進みましょう、ということなのです。

あなたの魂は、いつまでも、低い場所で、ぐるぐる空回《からまわ》りをしている必要はないのです。

◎聖なる関係を通して、人生の課題を克服する

今、地球全体が次の段階に進まなければならない段階に入っています。急激な変化に迫られているのです。

そこで、誰も取り残されないようにするため、みなさんひとりひとりが、自分は魂の存在であるということ、本来は聖なる存在であるということを思い出してもらわなくてはならない時期に入っているのです。

これまでは、今生がダメでも、あと百回くらい生まれ変わっているうちに、真理はわかるだろう、というふうに、自分の魂は思っていたかもしれません。

自分の魂からすれば、今世ではこのくらい学べばいいだろう、まだ悟らなくてもいいはずだ、などと思い込んでいたかもしれません。

ところが、まもなく、この舞台が消えてしまいます。

ですから、みなさんすべてが至急に、やるべきことをやって、次の段階に歩《ほ》を進めなけ

ればならないのです。

そのためには、この聖なる関係を通して、自分の中の、潜在意識にもっている、さまざま問題や人生の課題を克服する必要があるのです。

◎いらないファイルは消去する

潜在意識というのは、コンピュータにたとえると、大きなファイリング・システムです。みなさんはファイルに、たとえばＭ３などと名づけて、データを入れてきたのですが、実際に何を入れてきたファイルなのか、まったくわからなくなってしまっている状態なのです。

しかも古い、よろしくないファイルがいっぱいあって、システムにも悪影響を及ぼしています。

そこで、それらの不要なファイルを一掃し、コンピュータ内部をきれいにしていく必要に迫られているわけです。

このファイリング・システムにたとえられる、潜在意識をきれいにするきっかけとなる

のは、**関係性なのです**。

その関係性が、私たちがファイルを開けると、「あ、これがある」「こんなのいらないよね」とか「ああ、こんなのがあったんだ」というふうに、その内側を見せてくれているのです。

かといって、それらのファイルを全部、細かく見ていく必要はありません。ちらっとながめて、いらないファイルだとわかれば、すみやかに消去すればよいのです。

そのように私たちは、体験を全部、またしなおす必要はないのです。

◎潜在意識のとてつもないパワー

潜在意識は、私たちの顕在意識レベルにないファイルです。

エネルギーとして、人を引き寄せたり、人と共鳴したりする、「引き寄せの法則」は、関係性についてのひとつの法則です。

それをはじめとする、宇宙の法則全部が、私たちが表面で意識しているところよりも潜在意識で、大きく影響しています。

脳はエネルギーを発信するものであり、受信するものでもあります。

脳の情報処理能力は、潜在意識によるスピードは一秒間に四十万ビットですが、これに対して、顕在意識によるスピードは一秒間に四十ビットです。

このように、じつに大きな差があることに、あなたは驚かれるのではないでしょうか。

潜在意識は自分の周りを、とてつもない超スピードでかけめぐり、ひとつひとつの関係性に大きな影響をもたらし続けているのです。

◎気づきから、理想の関係性が生まれる

自分と相手との関係性を築くうえで重要なことがあります。

それはすでに触れた「認識」です。

認識というのは、相手のことをいろいろと判断したり、自分についてもダメな人間だななどと思うことではありません。

認識を、「ああ、この関係では、こういうことがあるんだ」という「気づき」のために使っていくことです。

つまり、大切なのは、その関係性のもつ意味を認識することです。

そしてその認識を、自分の内面をきれいにしていくきっかけにすればよいのです。

そうすれば、問題を相手のせいにすることはなく、「あ、だから、こういうこともあったんだ」と、お互いに愛をもって触れ合っていけます。

これが聖なる関係であり、理想の関係なのです。

◎エネルギーを浄化することに意識を向ける

その理想の関係を築くには、自分でエネルギーを浄化するワークを行っていく必要があります。

ある程度は浄化ができるようになり、そして責任をもって、自分で問題を解決するという意志があれば、同じようなエネルギーの人を引き寄せますので、その人もまた、責任をもって、自分のことを解決するようになります。

このようにエネルギーを浄化することに意識を向けていれば、お互いの中で何か問題が出てきたり、支障が生じてきたりしたときには、

「そう、問題の原因は、ネガティブなこのエネルギーなんだ。じゃあ、自分のワークをしていく対象にして、お互いに引き上げていこう」

というふうに、問題を解決しながら、ともに高めていくことができるのです。

◎聖なる関係は、お互いを向上させる

それに反して、相互が濁ったエネルギーの場合は、お互いを引き下ろしてしまいます。

そして憤慨し合い、けなし合い、憎み合い、対立を深めることになります。

聖なる関係の場合は、そうではなく、調和に向かいます。

お互いを高め合い、お互いを向上させる方向にもっていきます。

この相手がいるからつらいとか、あの相手がいるから苦しいなどと、お互いに思い合っているようでは、成長もなければ、また神聖に育っていく余地はありません。

お互いに変わろうとしないからです。

お互いに相手のせいにするのではなく、相互が責任をもって解決する。それが聖なる関係なのです。

◎周りの人間関係が変わることも少なくない

このことは、親子関係でも、夫婦関係でも、友人関係でも、職場関係でも、変わりはありません。

そして、自分でエネルギーを浄化する意識がない人とは、遠ざかっていくことになるのです。

また、有毒な関係性をもっている人もいます。

そうした相手が、暗いエネルギーの世界に浸《ひた》り続けることを望み、そこから抜ける意欲がなかったら、自分も一緒に引き寄せられるか、あるいは、まったく離れて、自分の道を歩むしかありません。

ですから、この浄化の道を歩み始めると、自分の周りの人間関係が、少なからず変わります。

引き寄せてくる人も変わってきますので、職場を変えたくなることもあれば、親しくする友達が変わることもあります。

そのように実際に関係性が変わることもありますし、その関係性に変わりようがなければ、その関係性が崩れたり、もっと自分にふさわしい関係性が現れてきたりします。

◎自分のことを信頼している人は、いじめられない

若い人が、こうした関係性や浄化について理解していれば、自分とどういう関係性を築けばよいかがわかるのです。

ところが、少なからぬ若者が、友達がほしいとか、仲間として認められたいという気持ちで、自分に悪い影響を与える人を引き寄せているのが現実です。

そして、そんな仲間からいじめにあう若者もいます。

人は自信がないと、自分をいじめる人を引き寄せたりします。

自分のことを信頼している人は、いじめられないのです。そうした人には、いじめ甲斐《がい》がないからです。

いじめられる人は、たいてい共通のエネルギーをもっています。

また、関係性をもつことに自信がなく、怖くてどこかで退《ひ》いてしまう傾向があります。

そして退いてしまうと、加害者（いじめる人）がつけ込んできたりします。
加害者は被害者（いじめられる人）の匂いをかぐことができるのです。
そうした被害者は、おどおどしたりしています。

◎いじめる人といじめられる人は、エネルギーが引き合う

加害者は、「自分を常に防備しなければいけない、だから、自分を強く見せなければいけない」とか、「自分に何かが襲ってくる。攻められる前に、自分から攻めていこう」など潜在意識で思っています。

そこで、自分は攻撃する側に立たなければいけない、という潜在的な気持ちが強いため、弱い人が来ると、お互いのエネルギーが引き合ってくるというわけです。

そうして、ゆがんだエネルギーによる、加害者と被害者の関係ができあがってくるのです。

このように、「いじめ」の問題について考えるときも、いじめる側といじめられる側の関係性に何が入っているか、ということが肝心なのです。

◎振り込め詐欺に見る、家族の関係性

日本では人間関係について、「いじめ」の問題に加えて、「振り込め詐欺《さぎ》」が大きな社会問題となっていると聞きました。

振り込め詐欺の多くは、祖父や祖母が、偽りの電話によって、孫や我が子のために多額のお金を振り込むのだそうです。

本当に家族の関係性が良好で、家族の絆が強ければ、そういう電話があっても、「ちょっと確認させてね」となるはずです。そして、嘘の話を信じることはありません。

◎根源のマトリックスとつながることが大切

「嘘のマトリックス（matrix　母体《ぼたい》、設計図、基盤）」と呼んでいるものがあります。

また、「真実のマトリックス」、「根源のマトリックス」があります。

家族がよい関係であれば、真実のマトリックスになります。

すると、真実の姿がわかりますから、嘘のマトリックスで、つけこまれることはないのです。

「根源」とは、創造のすべてを生み出す源となるもので、根源のマトリックスとは「神聖なるマトリックス（母体）」のことです。

私たちが、その根源のマトリックスとのつながりを忘れていると、完璧な存在である、本来の自分を思い出すことができないのです。

◎人と接するうえで一番大切なことは「聴くこと」

人間関係で大事なことは何ですか、とよくたずねられます。

私たちが人と接するうえで一番大切なことは、「聴くこと」（耳を傾けること）です。

相手の言うことを、きちんと聴いてあげることが肝心です。

人間がみんな、お互いの言うことをきちんと聴いてあげれば、地球上で戦争などは起きません。

二つ目に大切なことは、「コミュニケーション」です。

たいていの人の場合、このコミュニケーションが健康的ではありません。

人が怒ったりするのは、コミュニケーションがきちんとれていない状態を示しています。

愛の反対は、憎しみではなく、恐れです。

憎しみより前に、そこにはすでに恐れがあるのです。

なぜ人々は、関係性に恐れを入れてしまうのでしょうか。それは見捨てられるという感情から来ています。

否定されている、受け入れられていない、という感情です。

誰かに「ノー」と言ったら、すぐに恐れが出てくるのは、「ノー」と口にすることによって、その人から、私は否定されるだろうとか、私は見捨てられるだろうとか、私は嫌がられるだろう、というふうに受け止めてしまうからです。

◎無条件の愛と条件付きの愛

尊重してほしいとか、愛してほしい、とみなさんは相手に要求をします。

しかし、満たされていない人は、相手を尊重することもできなければ、相手を愛することもできないのです。

それより先に、自分の穴を埋めようとしているからです。

満たされていない人が、口では「愛している」と言っても、それは条件つきの愛にすぎません。

「これをくれたら、愛する」というわけですから、相手がくれなかったら、愛するようにはならないのです。

そういった、もらうことによって得る、条件のついた愛に基づく関係性は、いずれ、何かがきっかけとなって崩れていきます。

相手に何かもらおうとする、条件つきの愛は、もともと土台が不安定ですから、その関係性はもろいのです。

そして、その相手からもらえないと思ったら、今度は別の相手に求めようとするのです。

それに対して、お互いが満たされていて、それぞれが相手を無条件に愛することができたならば、がっかりさせられることもなく、裏切られることもありません。

無条件の愛で引き合い、一緒にいることをお互いに誓い合った仲ですから、二人の約束はしっかりした土台に立っているのです。

◎懺悔と告白について

宗教では、罪を懺悔《ざんげ》することや、罪を告白することが大切なものとされているようです。**この懺悔や告白について申し上げたいのは、それには認識（awareness）をもったほうがよいということです。**

教会では、「あなたは悪いことをした」とか、「あなたは罪人《つみびと》だから」という言い方をします。

すると人は、「自分は罪を犯しているから地獄に行ってしまう」というふうに考えてしまいます。

しかし、そのように、神が人々に罰を下すことはありません。けっしてそういうことはない、と知っておく必要があります。

懺悔や告白が、自分と聖なる関係を築く糸口になるか、否《いな》か、その答えは、認識にあるのです。

◎この地球にやってきた目的を思い出す

私たちは、生まれてきて、この世で何をするかといえば、自分の光を思い出し、自分の闇を認識して、それを溶かしていく、そのワークをすることなのです。

ここに、私たちが、この人生を授かった意義があるのです。

暗い気持ちやネガティブな思いなどがあるのは自然なことであって、そういったものは、あって当然なのです。

罪悪感をもたず、自分が悪いと思わず、自分が壊れていると思わないことです。

では、自分がかかえている、そうしたマイナスのエネルギーをどうすればいいか、といえば、私たちはそれを溶かしに、この地球にやってきているのだ、と思い起こすことです。

本来の自分を思い出し、みんなも同じなんだと思い出していくことです。

そして、浄化のワークをすることです。

そうしてこそ、世界全体が、今の分離の状態から、そして対立の状態から、統合に向かっていくことができるのです。

第6章

さまざまな関係性と人生のありかた

◎自分の内面のさまざまな関係性

すでに述べたように、私たちは、すべてのものと関係性をもっています。

自分の中にも関係性があります。

まず、神なる存在である自分の「ハイヤーセルフ」との関係性があります。

自分の魂との関係性、自分の肉体との関係性もあります。

そして自分の身体意識との関係性、自分の意識体との関係性、自分のマインドとの関係性、さらに自分の思考、自分の気持ち、自分の感情、自分の感覚との関係性などなど、限りがありません。

また、何が好きで、何が好きでないか、何を愛していて、何を怖がっているか、何が嫌いなのか、といった関係性もあります。

このように、関係性というのは、非常に広大なテーマです。

◎ネットのように、すべての人とつながっている

また私たちは、すべての人との関係性があります。

私たちはネット（網《あみ》）のように、すべての人とつながっているのです。

巨大な容器の中にすべてが入れられているように、人類はみんな一緒であって、ばらばらではありません。

あなたはあらゆるもの、あらゆる人と関係性をもっているのです。

あなたがその真実を受け入れるようになればなるほど、その関係性は健康的になっていきます。

それは、あなたの潜在意識のマインドのエネルギーをシフト（転換）させるということを意味します。

そしてシフトすることによって、その本来の関係性が明らかになってくるのです。

◎星や星座とも直接の関係性がある

また、私たちには、星や星座との関係性があります。

私たちは生まれた瞬間から、すでにいろいろな星々と直接の関係をもっていて、その時点から、宇宙と地球のすべてとの関係性をもっているのです。

地球自体が、月とか惑星とか太陽との関係性がありますから、この関係性というのはじつに深いものであって、ありとあらゆるものに現れているのです。

人間のエネルギー体のひとつである感情体も、星の位置や地球の位置と密接な関係性があります。

私たちが生きているときに、その関係性があるだけでなく、死んでもその関係性は続いています。

なぜならば、自分を生かしている、その存在そのものは、死ぬことはないからです。

それは、誕生もなければ、死もないのです。

始まりもなければ、終わりもないのです。

生まれることもなければ、滅びることもないのです。

それは、ずっと回転しながら、永遠に続いている、悠久の存在なのです。

◎人生を送るうえでの契約が結ばれている

人間関係や病気やビジネスのことなどで、頭をかかえて相談にやってくる人が少なくありません。

病気を治してほしいとか、死にたくない、と言ってくる人もいます。

そうした人に、何よりも知ってほしいことがあります。

それは、人間は、もともとこの世界にやってくるときには、人生を送るうえでの契約が結ばれているということです。

入国の時期、出国の時期などをおおまかに決めてから、この世に来ているので、とくに大きな理由がない限り、それが大幅に変わるということはないのです。

ですから私たちにとって肝心なことは、病気が治るとか、死なずにすむということではなく、この世界にいる時間を大切にし、魂（至高なる自己）の歩むべき道を歩むことです。

そして、困難や苦しさやつらさを乗り越え、本当に楽しく、本当に自分らしい人生を過ごすことなのです。

◎自分の魂の道を思い出し、統合へともっていく

その契約はわからないことであり、また聖者としてわかっていても、それは申し上げてはいけないことなのです。

それがわかっていたら、逆に大変なことになるかもしれません。

また、契約でおおまかに定められたことが、遅くなって三十年後になることもあれば、明日に早まる場合もあります。

とくに契約があったわけではありませんが、それまで健全だった人が交通事故に遭《あ》ったり、大病をわずらったりして、あらたな関係性を設け、その療養の過程で大きな浄化（進化）の道の展開が見られる人もいるでしょう。

そうした中で、魂として歩んできた道を思い出し、そして至福をもって歩んでいけるな

らば、それは癒しの過程にほかならないのです。

このように、関係性からやってくる癒しのパワーは、魂の道、浄化の道、進化の道を思い出すことによって、自分を調和のとれた統合へともっていくものなのです。

◎親は、自分が生まれてきた課題をサポートしてくれる

私たちはみな、今回この世に生まれてくるときの課題をもっています。そして、その課題を解決するサポートをしてくれる親を探します。

つまり、両親との関係性は、自分で選択するというわけです。

たとえば前世で、自分が我が子を見捨てたとしたら、今回はカルマ（宿命。仏教でいう「業《ごう》」）として、自分が見捨てられる側に立たなければいけないので、我が子を見捨ててくれる親を探すのです。

そして親は自分を産んで、自分の課題を達成する環境を整えてくれるのです。

ですから、自分が親に見捨てられたとしたら、親が悪いのではありません。自分が、カルマ的に、そういうふうに契約して、この世にやってきているのです。

そして、親のとった、その行動に賛成する必要はなく、また、そんな親とでも仲よくしなければいけない、ということもないのです。

親とは契約を交《か》わして、この世に来たのですから、そうした行動をとった親を憎むことは無用です。また、それ以上、そのことで自分が苦しむ必要もないのです。

ただし、魂がこの世に受け入れてもらえる確率は非常に少なく、奇跡的なことです。ですから、両親がこの世に生んでくれたことに感謝してください。

◎つらい体験を浄化して、納得することができる

前世に自分が人を苦しめたため、今回、自分が苦しむ立場になるというカルマがあって、そのカルマを果たすために、自分を見捨てる親を探す場合もあるかもしれません。

自分が見捨てられ、つらい体験をすることによって、はじめて苦しみというものを理解することができます。そして、自分の中でそれを浄化し、納得《なっとく》することができるのです。

ですから、見捨ててくれた親は一生かけて、この体験を呼び出してくれるために、自分と契約をしたというわけです。

その親は、人が見捨てられるというエネルギーに関して、それをどう解決するか、という課題を突きつけ、自分のカルマを解消させてくれているわけです。

ただし、見逃してはならないことは、その親は、ほかの人たちとも、いろいろな契約をしているということです。

この地球に来るという機会はたいへん貴重であって、ここでの人生体験は容易には得られません。たくさんの人たちがクジをひいて、この世にやってくるのを待っているような状況なのです。

◎兄弟でも、エネルギー的には赤の他人というケースも

このように私たちは、親は選ぶことができますが、兄弟（姉妹）は選ばない場合が多いのです。

親となる人とは契約はありますが、兄弟との契約はまったくありません。したがって、兄弟でありながら、エネルギー的には赤の他人という場合が少なくないのです。

また、前世のカルマで、お互いにここでも解決しなければいけないことがあって、兄弟

（姉妹）になった人もいるかもしれません。

ですから、兄弟（姉妹）だからといって、必ずしも仲がいいわけではありませんし、とくに仲よくしなければいけない理由もないと思います。二人の関係がうまくいかなければ、無理する必要はありません。

◎兄弟よりも、魂のレベルで密接な人たち

逆に、血の縁はないけれど、魂のレベルでもっと密接な人たちはいます。

それぞれ異なる体験をしてきているので、たまたま兄弟として生まれてこなかったものの、魂のレベルではもっと深いつながりがある人は、逆に、家族以外にいるのです。

その人たちと出会ったときには、自分の血をわけた兄弟（姉妹）よりも仲よくなったり、信頼できたり、密接に感じられたりするのです。

それは魂のレベルで、もっと自分が近いところにいるからです。

兄弟（姉妹）はいろいろなレベルの意識の人が、同じ親のところに来ているのですから、同じ家で育ったかもしれませんが、性格がまったく異なることもよくあります。

それは、育ちはある程度の影響はありますが、もって生まれてきたものの方が大きいからです。

◎結婚をしない人、子供が生まれない夫婦

結婚をしない人、子供が生まれない夫婦もいます。そうした人には、今生《こんじょう》は子供を生む契約をしていない人が多いのです。

というのは、今はそうした人の魂が、最後の思い出す時期に入っているからです。

この地球に来なければ、カルマは解消できませんから、ただその目的だけのために生まれてきている人もいます。

また、この地球を光に導くために、みんなのために生まれてきている人もいます。

その人たちは、子育てに時間を奪われると、本来自分がやろうとしたことができませんから、結婚して、子供を産むとか育てるといったカルマをもっていないのです。

ですから、無理して、子供を産んだりすると、こんなはずではなかった、などと、逆につらい思いをするのです。

子供ができなかったなら、できないでいいのです。カルマがないのですから、無理に子供をつくる必要はないのです。逆に、この世の中には、親のない子供たちがいっぱいいて、そのほうが問題です。

これまでの環境の中では、結婚して子供を産むのが当然だと言われてきていますから、多くの人がそう思い込んでいるだけであって、実際はそうしなければいけない理由など、ありません。

人はみな、そのような契約をして、生まれてきたとは限らないのです。

◎大半の国では、今から子供は産まないほうがよい

私はアメリカをはじめ大半の国で、今からは子供は産まないほうがよい、と言っています。

人によっては、「あなたは子供を産む運命です」と言葉にすることもありますが、多くの人はそういう運命で今生はやってきていないので、「無理しなくていいのです。無理すると苦労しますよ」と述べているのです。

しかし日本の場合は、みなさんに、もっと結婚して、もっと子供を産んでほしい、と言っています。

日本だけ特例です。人口が減りすぎているのです。

「結婚する、結婚しない」、「産む、産まない」という選択は、カルマから来ている選択とは限りません。

海外では、結婚して子供を産んだりするカルマがないのに、一生懸命そうしている人が少なくないわけですが、日本では、そういう運命をもっているにもかかわらず、運命に逆《さか》らっている人もいるのです。

ですから、日本の国内と国外では、逆の現象が見られるわけです。

ただし、その中でも、結婚をする運命でない人もいれば、子供を産む運命でない人もいるのです。

◎自分の運命を把握してこそ本当の幸せがある

もし結婚できない、子供ができない、などと嘆いているのならば、けっしてほかの人の運命に憧れないでください。

人の結婚生活を見て、ああ、いいなあ、と憧れるのではなく、自分の運命とは何かを把握していくことが大切なのです。

そして、その中に、自分の一番の幸せがあるのです。

自分はこの世に、何をしに生まれてきたのか、自分はどういう関係性をこの世の中でもちにやってきたのか、考えてみましょう。

もしかしたら、ハートの中で、大切な家族を育てる関係性をはぐくむことが、自分の運命かもしれません。

あるいは、世の中のいろいろな人たちと関係性をもち、みんなに自分が光の存在であると思い出してもらうことが、自分の運命かもしれません。

あるいは、世界の子供たちを、みんな自分の子供だと思って育てあげ、子供たちに尽くすことが、自分の運命かもしれません。

自分の魂を思い起こし、そうした運命と出会っていくことが、本当の関係性をもつということなのです。

◎ intimacy（親密さ）という、夫婦にとって大切な関係性

パートナーとの関係性や離婚について、すでに述べましたが、パートナーと、その関係性を必ず一生持ち続けなければならないわけではありません。

人生にはサイクルがあるからです。

そして、カルマが関係する場合があるからです。二人の間のカルマが終わったら、その関係性は終わるのです。

夫婦であっても、パートナーとの関係が、まるで近所の人同士とか、兄妹（姉弟）とか友達との関係のようになってしまう場合があります。親がわが子の面倒を見るような関係になるケースも見られます。

そんなふうにならないためには、intimacy（親密さ）が必要です。

ただし、この英語の intimacy と日本語のいわゆる「親密さ」の意味合いは、一致するわけではないようです。

intimacy とは「（内面的に）一体になる」ことであって、「（肉体的に）合体する」(mating)

ことではありません。

これは、相手を本当に深いレベルで理解して、肉体的にも感情的にも精神的にも、すべてのレベルにおいて無垢《むく》の状態で、正直にすべてを見せ合う中で触れ合っていける、緊密で親愛なる関係性のことなのです。

この intimacy はセックスより必要なことです。

ホルモンが減ってきて、セックスがなくなれば、夫婦の間に何が残るでしょうか。

二人が互いに深い愛と尊敬をいだき、そこに共鳴しあうものがなければ、残るものは何もないのです。

◎ツインソウルについて

「ツインソウル」（二つに分かれた魂）について聞かれることがあります。

「どうすれば、会えるのでしょうか」とたずねてくる人もいます。

私は、あまり会いたくない、というのが本音《ほんね》です（笑）。

私たちは統合意識という一つの意識から、男性性と女性性の二つに分かれました。それがツインソウルです。

つまり、自分の分離です。ある意味では、兄弟喧嘩のようなものです。

ですから、必ずしもツインソウルに憧れをもったりする必要はありません。

ツインソウルは、同じような問題をかかえたりします。

もちろんひとつの魂から来ているので、その引き合う力は強いのですが、ツインソウルと出会って、幸せになることはあまりありません。逆に、一緒になると、すごくたいへんな関係になったりします。

ですから、とくに出会うことを求めなくてよいのです。

◎「神聖なるパートナー」（Divine Partner）とは

ツインソウルの場合は、完成されていない自分が、相手を引き寄せることになりますが、**自分の「神聖なるパートナー」（Divine Partner）ならば、お互いが完成されていて、神聖なる関係性をもつことができます。**

ただし、今生、一緒に生まれてきているとは限りません。

ですから、そういうことにこだわらないほうがよいのです。それよりも自分の浄化のワークを行うことです。

自分が完成されたら、完成された相手が引き寄せられるのです。

聖なる関係は、自分を満たそうとしています

そして、満たされた同士が一緒になる、聖なる関係性は、お互いが何かを欲しているわけではなく、お互いに何かをもらおうとはしていません。

それぞれが満たされていて、その満たされている中で一緒にやっていこうというレベルにいますから、お互いに尽くし合い、お互いを思い合い、お互いを尊重し合うのです。

◎ソウルメイトは、課題を与えてくる人かもしれない

「ソウルメイト」（魂の友）についても、聞かれます。

プレイメイトといえば、友達かもしれませんし、もっと密接な関係の人かもしれません。

そのようにメイトというのは、いろいろなところで使われる言葉です。

人は過去のいろいろな人生において、男性として生まれてきたこともあれば、女性とし

て生まれてきたこともあります。

ですから、ボーイフレンドとなっていたり、ガールフレンドとなっていたり、というふうに、いろいろな関わり、いろいろなつながりがあるので、ソウルメイトというのは本当に大きなテーマです。

とはいえ、ソウルメイトだからといって、とくに気が合うというわけではありません。「私のソウルメイトを探し出してください。その人と会って、仲よくしたいから」と言ってくる人が少なくないのですが、多くの場合、ソウルメイトだからといって仲よくなるわけではありません。

またソウルメイトは、自分にいろいろな課題を与えてくる人かもしれないのです。その課題は、とても意欲をかきたてるものであったり、いろいろな引《ひ》き金《がね》となったりするものであるかもしれません。

またソウルメイトは、自分と一緒に進化してきた人であるとは限りません。

ソウルメイトは、魂のグループ意識という場合もあります。それは同じグループの一員として、同じ意識をもっている人ということです。

◎人を見下したり、人を区別したりすることがなくなる

私たちは、相手が障害者であろうと、刑務所にいる人であろうと、あるいはお坊さんであろうと、誰とも同じように関わっていくことができます。

すべての人たちとの関係性において大切なことは、意識のレベルです。

自分が、「ワンネス」の意識の状態にいれば、すべては自分である、ということがわかります。

そうすると、自分とその人とは違う、という見かたがまったくなくなります。

そして、この人は自分の一部だ、この人は自分と一緒だ、という意識の中にいますから、人を見下《みくだ》すとか、人を区別するといったことはありません。

私たちは、宇宙の全体の知識の存在が、みんなの中に存在している、そしてその状態にあるということを、現実として知っていることが大切なのです。

これはすべての存在との関係性に関わってくる、肝心なことです。

◎私たちはみな同じ根源から来ている

「袖振《そでふ》り合うも他生《たしょう》の縁」（見知らぬ人と道で袖が触れ合うようなことであっても、それは前世からの深い因縁《いんねん》によるものだ、という意味）という言葉について、たずねられたことがあります。

そうした、袖振り合う人とは、関係は深くはないけれど、関係はあります、と答えました。

私たちみんなが、縦糸と横糸が織り合わされている布のようにつながっているのです。

なぜみんなつながっているかといえば、私たちはみな同じ根源から来ているからです。

根源とはすでに述べたように、神聖なるマトリックスのことであり、創造のすべてを生み出す源となるものです。

いろいろな体験と実験を通して、私たちは同じひとつの根源からつくられています。人間の間《あいだ》で、何も違いはありません。根本のレベルでは、みんな一緒です。

木を見ると、幹の部分はひとつであり、枝葉はそれぞれに分かれています。

それと同じように人間も、それぞれに個性はありますが、みんなが根本的には同一なのです。根源が同じだからです。

◎その関係性を、浄化と変容のきっかけにする

私たちは、それぞれの関係性について、自分が光の存在であることについて思い出すことを、より近づけてくれる関係なのか、より遠ざける関係なのかを見つめていくことが大切なのです。

そして、自分が責任をもって、その関係性を、どういうふうに利用していくか、考えていくのです。

私たちが、その関係性で出てきているものを、

「ああ、自分の中にこれがあるのだから、浄化させて、自分の中で、これを変容していこう」

と浄化と変容のきっかけにするならば、本質の光に近づいていくことができます。

逆に、その関係性で出てきているものを、相手を責めるために利用するならば、本質の

光からは遠ざかってしまいます。

神聖なる関係ならば、常に、自分を本来の光の存在にもっていくことができるのです。

◎事故や災難にあう人について

私たちはみな何かの契約をもって生まれてきているのです。

この世を去って、あの世に旅立つ時期も、生まれるときから決まっています。そして、その去りかたもだいたい決まっているのです。

ですから、この世に来て変えられるカルマもありますが、変えられないカルマもあります。

そういう意味では、アメリカ同時多発テロ事件（２００１年９月11日）で大勢の方が命を落としましたし、日本でも東日本大震災（２０１１年３月11日）でたくさんの方が亡くなりましたが、それらの魂の人たちは、そのような亡くなりかたをする人生を選びとったのだ、と言うことができるでしょう。

悲しいことに人間は、寄り集まって助け合うときはたいてい災害時です。

命を落とされた方々のおかげで、その瞬間、人々は対立ではなく融合したのです。統合へと向かうことができたのです。

◎潜在意識の中に、それを呼び起こすものがある

この三次元の世界では、悲しい事件がたくさん起こります。その際、加害者と被害者に分かれます。

しかし、殺人者であろうと、殺人の被害者であろうと、またレイプする人であろうと、レイプの被害者であろうと、それらの人はみな、潜在意識の中に、そうした事件を呼び起こすものがあるのです。

もしかしたら、殺される人はこの世に来る前に、殺す人と約束があって、お互いに何か大きなカルマを解決するか、ここで大きなカルマをつくることになっていたかもしれません。

たとえば、殺される人が前世で、相手の人を殺していたかもしれません。

しかし、そうしたカルマは複雑にいりまじっていることなので、なぜそうした事件が起

きたか、ということは、その魂にしかわからないことなのです。

そうした事件は、長い人間劇の中の一幕《ひとまく》であって、加害者と被害者は魂のレベルで、その当事者になることを選んでいるのです。

◎行動は批判できるが、その魂を批判はできない

カルマといえば、大半の人がすべての役を、今世を含めて、どこかで務《つと》めているのです。

戦争における勝者、敗者、そして加害者、被害者、さらに殺す側、殺される側、というように、魂はたいていの役割を果たしてきているのです。

人を殺すという行動に、もちろん同意することはできません。ただし、殺人者だからといって、その人の魂を嫌うことや憎むことはできません。みんなの魂と同じように愛することです。

お互い、この地球での劇団で、なぜ、その役割を選んで、そういうふうに演じているかは、本人同士、魂同士にしかわからないことです。

したがって、第三者的な魂が、それを非難や批判をすることはできません。

その人の行為を批判することはできますが、その人の魂を批判することはできないのです。

ただし、残虐《ざんぎゃく》なこと、冷酷で無慈悲なことを行った魂は、カルマがありますから、その後、カルマを浄化するため、本当につらいことが生じます。

◎自殺者がたいへん多い日本について

私が日本を訪れるようになったきっかけは、ひとつには、日本では自殺者がたいへん多いということを知ったことです。

なぜ自殺をするのでしょうか。

私は三つのセラピーの診療所をフランスで開いていたこともある、セラピストです。その私から見れば、そうした人たちは「迷子《まいご》」になっているのです。

自分を見失い、そしてまた自分が見捨てられているように思っているのです。

自分には価値がない、自分はどうしようもない、自分はダメな人間だ、何をやっても自分は要請に応《こた》えられない、といった思いに追い込まれて、息苦しくなっているのです。

トンネルに入って、何も見えなくなってしまい、頭がいつもぐるぐる回転していて、いずれは命を絶つしかない、それ以外の方法は見つからないという、とても苦しい状況の中にいるのです。

そして、そのつらさから抜け出したい、と自殺をするのです。

◎マハ・ヤギャの目的のひとつは「自殺のエネルギーの浄化」

私は２０１６年10月21日から、富士山麓の朝霧高原（静岡県富士宮市）で、マハ・ヤギャ（Maha Yagya ヒンズー教の伝統に則《のっと》った聖なる炎の儀式）を行いました（写真は口絵に掲載）。

それは、世界同時瞑想を交えて、地球と人類の悟りのために、三日間にわたって執《と》り行われた、文明史上最大級の規模の大祭事でした。

この「サイマー１０８マハ・ヤギャ――地球と人類の悟りへ向けて」の目的の中に、「自殺のエネルギーの浄化」も入っていましたから、それからはだいぶ減っているはずです。

マハ・ヤギャとは「偉大なる」ヤギャのことです。「マハ」は偉大なる、という意味で、

「ヤギャ」は、古代からインドで継承されてきた、ヴェーダの叡智と科学に基づく炎の儀式のことです。

「サイマー108 マハ・ヤギャ」は、27基のクンダ（護摩壇《ごまだん》となる火炉）を設置し、高さ10メートルを超える巨大なシャーラ（護摩壇を収容する建物）を建築して、インドから高僧108人を招いて行われました。

それは、地球と人類の集合意識にある分離と対立、競争、怒りなど、あらゆる不調和を浄化するためのものでした。

別の言い方をすれば、これまで人類が地球に注ぎ込んできた争いや私利私欲などのあらゆる不調和と、私たちの祖先から受け継がれてきてしまったゆがんだエネルギーをすべて浄化することが目的でした。

◎どんな関係であっても、どこに向かっても、愛すること

いま地球では、ハリケーンとか地震とか洪水とか噴火とか戦争とかテロなど、いろいろな、たいへんな出来事が起きています。その状況はさらに悪化するでしょう。

ここで知っていただきたいのは、それらはすべて人間の、批判のエネルギーからやってきている、ということです。

お互いに批判し、お互いを憎み、お互いを疑い、お互いを裁《さば》く、そういった人間の感情から来ているのです。

そして、地球がそのゆがんだエネルギーを吐き出しているのです。

このように、地球の状況が悪化していることは、人間のネガティブな感情が生んだ結果なので、いま私たちのできる最大のことは、何があっても、人を憎まない、人を非難しないということなのです。

何があっても、無条件に人を愛するということです。

世界の平和を乱していると糾弾《きゅうだん》されている人であろうと、みんなから悪人と呼ばれている人であろうと、その行動に同意することができなくとも、憎まないことです。

誰も憎んではいけないのです。誰も非難してはいけないのです。

お互いを、本当の意味の兄弟姉妹として見て、とにかく愛し合います。

そうすると世の中が変わります。

そして、そうしない限り、世界はこれからもっと大変になるのです。

◎相手に愛と感謝だけを送る

私たちにとって大切なことは、どんな関係であっても、何が来ようとも、どこに向かっても、一方的に愛することです。

自分のことは自分の中で片づけて、人には無条件の愛だけを送るのです。

相手が何をしようと、非難せずに愛だけを送ることです。

自分の中で、潜在意識から浮上してくるエネルギーや波動は、感謝してもち上げます。

それを潜在意識からもち上げることによって、感謝することができ、浄化することができますから、そのエネルギーや波動が浮上する引き金を引いてくれた相手に、愛と感謝だけを送るのです。

そうして、誰もが意識を高めて、お互いに非難することをやめられたら、すべての人が悟りに導かれることができるようになるのです。

◎故人との関係性で、もっとも大切なのは感謝

故人との関係性においても、もっとも大切なことは感謝です。

ご先祖に、そして自分の家系の中で、あなたが今まで得てきたものに感謝します。

先祖代々、家系を通して、さまざまな情報をあなたに伝えてきてくれているのですから、そのことに感謝してください。

故人との関係だけでなく、すべての関係において、感謝をすることが大切です。

感謝のエネルギーは波動が高く、満たされていて、愛に溢れています。

感謝は好き嫌いを超えて、愛につながる道なのです。

ただし、もし傷つけられたりしたことがあったならば、その場合は正直に言ってください。たとえば「あの行動をとられたときには、傷ついたんですよ」と。

そうしたことを正直に言うだけでなく、もうひとつ大切なことがあります。それは、相手を許すことです。

人には傷つけられてきたかもしれませんが、自分も、知っていて傷つけてきたこともあ

れば、知らずに傷つけてきたこともあります。

自分自身を許せるようになると、相手を許せるようになり、そして許しを求められるようになります。

◎「私を許してください」と言葉にする

もうひとつ大切な点があります。

それは、多くの人にとって言いづらいことですが、「私を許してください」と言葉にすることです。

このように、「許してください」と許しを求めることも、大きな癒しになるのです。

そうして、本当に人を許せたときは、今まで嫌いだった相手がやってきて、目の前に座っていても、いやだとか、早く消えてほしい、というような感情はまったく湧いてきません。

一緒にいても、本当に、楽にいられるようになります。

それこそが、神聖なる関係の、癒しのパワーの表れなのです。

第7章

魂との関係性をつくる瞑想法とエクササイズ

◎魂からの言葉を毎日、紙に書く

私たちが、自分の魂との関係性をつくっていくうえで大切なことは、一日5分であっても、毎日、瞑想やエクササイズをしていくことです。

そして、魂に何か言ってください、と依頼するのです。

すると、魂からの言葉がいろいろ湧いてきますが、ふつうはやがて忘れてしまうので、その魂からの言葉を毎日、紙に書きつけておくようにするとよいのです。

尊い言葉や、力づけられる言葉でなく、怒りの言葉が出てくる場合もあります。

それはひとつには、魂が、いくら言っても聞いてくれていないため、激しい言葉を示すことによって、関係性を創り出そうとしているわけです。

このように、魂からの言葉を書きとめることは、魂との関係づくりのきっかけとなり、また、人生の道しるべともなるわけです。

こうして、内面の声との関係を深めることによって、いろいろな関係性が見えてきます。

そして、その関係性の状態がわかってくるのです。

◎短時間でも、毎日規則正しく行う

魂からの言葉を書きとめることは、毎日同じ場所で、同じ時間に行うとよいのです。たとえば朝の7時に、そこに来て、自分なりのちょっとした儀式をします。花瓶《かびん》にお花をいけ、お水を置いて、ローソクに火をつけて、「今から聖なる場所に入ります」と、自分に合図をするのです。

すると、宇宙を構成する五大要素（地《ち》・水《すい》・火《か》・風《ふう》・空《くう》）のうちの空の要素はすでにありますから、それに火の要素、水の要素が加わるわけです。

なぜ毎日、毎日同じ場所で、同じ時間にやるとよいのかといえば、魂というのは規則正しいからです。 **また、高次の存在は規則正しいからです。**

ですから、このことを続けていると、自分とその場の「気」、エネルギーが浄《きよ》まっていることに気づくでしょう。

ちなみに、鬱病《うつびょう》の人というのは、たいてい規則が守れません。日中、だらだらしています。

5分の時間を割《さ》くのが難しいようでしたら、1分でも2分でも結構ですから、魂に、「ひとこと言ってください」とか「語ってください」と頼みます。

少なくとも40日間は続けてみましょう。

40日後、あなたは自分の魂との関係性を創りあげることができ、あなたの内面は変わっていることでしょう。

◎魂との関係性を創りあげる呼吸法

☆

次に、魂との関係性を創りあげる、簡単な呼吸法を紹介いたしましょう。

自分の頭のうえに光を感じます。

その光から、ずーっと、ハートに息をおろしていきます。

ハートで息を広げていきます。

最後に全体に広げて、

息を吐きながら、その呼吸とともに、
意識の中で、光から呼吸しながら、
その呼吸の中で、魂とつながっていく自分を感じます。
そして、そこから、魂に「私に何か教えてください」と頼みます。

☆

この呼吸法を行う時間は５分間くらいです。

ゆっくり意識して、２〜３分、光を呼吸するだけでも結構です。

たとえ毎日が、目が回るように忙しくても、この呼吸法だけは必ず行うようにしていくとよいのです。

毎日欠かさず行うだけで、あなたの生活は変わります。

◎毎日、癒しの言葉を読む

お昼やすみの時間に、私の著書『天恵《グレース》の花びら』の本を開いて、その一節を読んでいくのも、魂との関係づくりのうえで、よいことです。

自我が愛によって変容されますように。
愛の調べがあなたのハートを溶《と》かしてくれるように。
神聖なるものによって、
あなたのハートが愛で満たされますように。

☆　☆

これは、その一例です。
毎日続けて、習慣にするとよいでしょう。

◎暗いエネルギーを、ハートに入れて溶かす

暗いエネルギー、低い波動の、いろいろなものを溶かす簡単な方法は、お腹にあるところから、ハートにもち上げることです。

その混乱したエネルギーを、手の中に入れてもよいのですが、ハートに持ち上げ、ハートに入れるとよいのです。

ハートの波動はすごく高いので、そこに入ったエネルギーが溶《と》けていくのです。

◎光の存在となって上昇したマスター、サンジェルマン

もうひとつの方法は、「サンジェルマンの紫の炎」という、サンジェルマンがもたらした、高い次元の波動を用いることです。

あなたはサンジェルマン（Saint-Germain）をご存じですか。

彼はみなさんと同じ人間でした。

サンジェルマン伯爵（Comte de Saint-Germain　１６９１年もしくは１７０７年？〜１７８４年？）は、「神秘そのものの存在」と言われ、「不老不死」とも噂されている人物です。

いつまでも容姿は変わらず、該博《がいはく》な知識をもち、化学、錬金術などに精通し、語学も堪能でした。

作曲家であり、バイオリニストでもありました。

ヒマラヤなどで瞑想の実践を続けていたとも伝えられています。フランスの社交界に突

如出現し、たくさんの謎を残して消えました。

サンジェルマンは、悟りを開き、光の存在となって、上昇されたマスターです。紫の炎の存在です。

彼の人類への献心のおかげで、彼の人類への信頼のおかげで、そして彼が光を愛する思いがあったおかげで、地球と人類は今日まで生き残ることができたのです。

◎神聖な紫の炎で、不要なエネルギーを溶かす

この「サンジェルマンの紫の炎」は、紫色の神聖なる炎です。変容させるエネルギーであって、ものをほかのものに変えていく大きな力があります。

また、なんでも溶《と》かすエネルギーをもっている、高い次元の波動です。

この紫色の聖なる炎を呼び出して、

「私が不要とする、自分でないエネルギーを全部溶かしてください」

と命じるのです。

これは、パワフルな癒しと変容のツール（方法）です。

自分をその高い波動の炎に包み込んでいくことによって、いろいろな、波動の低い、マイナスのエネルギーを溶かしていくことができるのです。

☆

また、知り合いの方が手術を受けるようなとき、その紫の炎を送ることができます。

私は、争いや戦争状態のところには、必ずこの紫の炎を送り込んでいます。

この紫の炎は、対立とか分離といった、統合されていない、不調和なエネルギーを溶かし去るパワーをもっているのです。

紫の炎によって、低い波動、低いエネルギーを溶かし去ることを毎日続けて、意識を高めていってください。

紫の炎は、どこでも使えます。

毎日の生活の中で、たとえば料理するときでも使えます。

◎みずからの波動を高次元のエネルギーで高める

次に紹介するのは、自分の放ったエネルギーを意識して感じ、向上させ、再び自分の

体に入れることで、みずからのエネルギーで自分の波動を高める方法です。

☆

ひじを曲げて、両手をあげてください。
右の手のひらと左の手のひらは軽く開き、前方に向けます。
そして、目を閉じて、息をしてください。
深く息を吸ってください。
この新しい波動を、息とともに取り入れてください。
それは高い波動の波です。
そして、右の手のひらと左の手のひらを向かい合わせてください。
この磁石的なエネルギーを感じてください。
指をまっすぐにしてください。
この素晴らしいエネルギーを感じます。
そして、手と手をもっと近づけていきます。
今度は、このエネルギーに、愛を注いでください。
そして、あなたのハートから、このエネルギーに喜びを流していきます。

手と手の間にある、このエネルギーを感じることができます。
そのエネルギーを体のどこかに入れてください。
それはエネルギーの球かもしれません。光の光線かもしれません。
それがどんな形であれ、自分の体の中に入れてください。

第8章 ビジネスとの関係性を高める

◎三次元的なエネルギーはマッチしない時代

経済社会では、企業は常に売り上げや利益を上げていくことが求められています。

しかし、人口が減っていく中で、そして経済が停滞している中で、ある企業が毎年、売り上げを伸ばし、利益を増大し続けていくというのは、社員がどんなに熱心に働いても、たとえ共存社会が実現しても、無理なことです。

また、ある企業が大幅な売り上げアップを獲得したら、競争社会においては、ほかの企業はその影響を受けて、売り上げダウンになったりするわけです。

今、こうした競争主義的な、そして制限のある経済社会が、崩れつつあります。

三次元的な、一方が勝ち、もう一方が負けるという、競争、対立、分離といったエネルギーが、もはやマッチしない時代になってきているのです。

そうした競争や対立の構図は、最初はよくても、いつかは崩れるものです。

そして、ビジネスそのものが、大きく変わろうとしています。

その波に乗れば生き残っていけますが、従来の三次元的な、競争主義的なビジネスならば、おそらく落伍《らくご》することでしょう。

◎バランスがとれた職場に変えていく

そもそも地球のバランスが崩れているのですから、これまでの三次元的なやり方では成り立たないのです。

また、旧態依然の職場のあり方では通用しません。

全体のバランスを取っていくことを心がけると、経営も職場環境も変わります。

特定の誰かだけがよくなるのではなく、全体がよくなる、それが、高次元である五次元の経営であり、五次元のリーダーシップなのです。

企業の経営陣は、従業員のことを思いやり、社会における役割についても配慮し、経営陣と従業員が互いにサポートし合い、企業が成長し、みんなの生活がどんどんよくなっていく方向に動いていくことが大切です。

そうすると、企業も、社員も、家族もよくなり、そして全部のバランスがととのっていくのです。

◎企業の組織が、有機的なものに変わってきた

アメリカ、ヨーロッパも、ずいぶん変わってきました。

大手企業でも、トップダウン（上意下達《じょういかたつ》）の管理主義から、従業員の能力を生かし、ひとりひとりに権限を与え、各人がもっとそれぞれの力を発揮する、というように、企業の組織そのものが、有機的なものに変わってきています。

それは、これまでのような「肩書きベース」ではなく、お互いのもっている「ロール（役割）ベース」です。

企画はAさんがメイン担当者で、海外からお客様が見えたら、Bさんが中心になって対応するというように、ふさわしい人がそのロールを担当する、という組織です。

これまでのように、部長やマネージャーが上司として部下に指示を出すのではなく、従業員それぞれが、その分野に責任をもちつつ、ほかの人とも話し合って、共同で仕事を進めていくのです。

◎コラボレーションもよく行われるようになる

ですから、ひとりひとりに権限が分散されていて、担当者が出かけていって自分で大きな取引を決めてきたりします。

給料も、自分はこれだけやっているのだからと、自分でトップと話し合って、決めていきます。

そうすると各人は、責任を果たさなければいけませんから、仕事をしないような人は少なくなってきます。

そして、この分野の仕事は、この人と一緒にやっていくというように、分野別にコラボレーション（共同作業）も行われるようになります。

このコラボレーションは、会社内の人だけでなく、ほかの企業や組織（コミュニティなど）の場合もあります。

◎ホラクラシーという、進化した組織

こうした企業形態を、ホラクラシー（Holacracy）といいます。ヨーロッパでスタートし、アメリカに広がりつつあります。

日本でも、こういう会社が現れています。

トップや上層部はポリシーを打ち出し、そのポリシーの中で、たくさんのグループが、チームワークで動いていくわけです。

そして担当者には明確な役割と権限があります。

ただし担当者ひとりの決断ではなく、グループとして情報を共有して、グループが責任をもって決めるので、みんながやりたいことがやれるし、クリエイティブになるわけです。

また新しい役割が生じたら、会議で誰が担当するかを決めるのです。

これまでのトップダウンの経営は、現場の人たちの声を聞こうとする組織ではありませんでしたが、このホラクラシーでは、現場の人たちがいきいきと活動できるのです。

ホラクラシーは、組織として進化している、新しい時代の組織形態なのです。

今、経営のありかたは三次元から、五次元に変貌しようとしています。

そうした状況の中で、旧態依然の三次元の組織のやりかたで進めようとしても、うまくいかないのです。

◎エネルギーの行く方向に進みなさい

このように世の中のエネルギーが変わってきているのですから、私たちも、自分の考えかたを切り替える必要があります。

そうすれば、この世の中の新しいありかたの中で、前進していくことができるのです。

私がよく言っている言葉があります。

それは Follow the energy. です。

エネルギーの行く方向に進みなさい、ということです。

エネルギーと対立しないようにしましょう。物事がはかどらないようならば、エネルギーに、うまくいかない理由があるのです。

瞑想にしても、ただのリラクゼーションではない、高次元のエネルギーとつながる場を毎日設けることによって、ひらめきやインスピレーションがやってくるのです。

ですから内面の、神聖なる声に従える時間や、大いなる声が聴ける機会がとれないまま、一日中あくせく動いていても、物事はうまくいきません。

私たちは、内なる高次元のエネルギーの進む方向に沿って、行動していくことが肝心なのです。

企業などの組織にしても、その組織が大きくなって、みんなのエネルギーがひとつにまとまらず、内部で対立や抗争が起きたり、分裂したりしてしまうと、組織が崩壊することになってしまうのです。

◎エネルギーのトレンドは、三次元から五次元へ

いま世の中のエネルギーのトレンドは、三次元から五次元へと移行しています。

五次元の考えかたは、利己主義、競争主義に立って、自分さえよければよい、自分の会社さえ繁栄すればよい、ほかの会社は競争相手であり敵だ、という三次元の考えかたとは大きく異なります。

自分たちのやっていることが、いかに世の中のために役立っているか、社会のためになっているか、生まれてきた人たちが自分の目的を果たすためのものになっているか、そしてそれに応じて自分がどう動いていくか、ということを大切にします。

そして世の中がそういうふうに変わってきているので、自然と、それをサポートするエネルギーが流れて、五次元的な企業に人材が集まってくるのです。

五次元の組織のありかたというのは、社員にもよく、会社にもよく、そして社会にもよく、みんながよくなるものです。

もっとも、定評ある大企業というのは、そうです。正しい企業理念は五次元にも通用するというわけです。

しかし、どんな企業も、利己主義に傾いて、自分の会社だけよかれという姿勢になれば、どこからか崩れていきます。

◎五次元の世界でのリーダーシップ

五次元の世界での経営やリーダーシップについて先ほど触れましたが、五次元の世界でのリーダーといえば、ソウルリーダーでありますから、魂のレベルでのリーダーシップが重要です。

十年くらい前までは、ほぼすべての企業が自社のことをメインに考えていました。自分さえよければ、ほかの企業はどうなってもよい、という考えかたでした。

それが最近では、自社の利益の数パーセントは非営利団体に割り当てたり、地球のために使ってもらったりする企業も現れてきて、状況はだいぶ変わってきました。

人々も、魂のレベルでの触れ合いを大切にして、お互いに思いやり、お互いに愛をもった肉体の人として見るように変わりつつあります。

そして、すべての人の中の、すべての存在が見えるようになってきました。

したがって、リーダーシップも、自分だけよければよい、という自己中心の考えかたから、高次元のリーダーシップへと変わりつつあります。

今、すべてのレベルにおいて、ワンネスの意識が広がってきているのです。

人間は孤立して存在するものではありません。そして自分とは、大いなる神の一部に属しているものなのです。

したがって、リーダーシップも、みんなが孤立せず、みんながよくなるようにしていくことが大切なのです。

◎五次元の世界は調和と統合の世界

三次元、四次元、五次元では、それぞれのエネルギーと波動が異なります。

五次元の世界に生きるというのは、真実の中で生きるということです。

五次元の中では、私たちの真の姿が、幻ではなく、光の姿としてあります。宇宙の存在としてあります。

三次元は幻の世界であり、分離の世界であり、対立の世界です。

五次元は創造の世界であり、調和の世界であり、統合の世界です。

五次元の考えかたでは、自分と相手とに違いはない、自分と相手は大きな存在の中で、違う体をもっているけれども一緒なのだ、というふうに関係性をとらえます。

すなわち、ワンネスの意識です。

三次元の世界で、相手を傷《いた》めるということは、じつは自分を傷めていることなのです。

相手を苦しめることによって、実際には自分を苦しめているのです。

ですから、自分だけよいのではなく、自分にも相手にもよい環境をつくっていかなければ、私たちのよい関係性は成り立たないのです。

◎自分のエネルギーを、カルマが調整する

五次元では、三次元とは時間空間も変わってきます。

三次元というのは、制限のある中で、お互いに分離し対立して、資源の奪《うば》い合いをするような、幻の世界です。

分離や制限があると、これを取っておかなければ自分が飢《う》えてしまう、というような恐れが出てくるわけです。

そうした世界で、恐れから相手に何かよくない行動をとると、カルマが働きかけて、その結果が現れてきます。

相手に悪いエネルギーを出すと、カルマがそれを調整して、自分に必ずそのエネルギーが戻ってくるわけです。

◎三次元の世界は、時間の動き方が遅い

とはいえ、三次元の世界では、波動が低ければ低いほど、時間の動き方が遅いので、悪いことをしても、そのエネルギーの返りが遅いのです。

二、三年後とか来世というふうに、時間が切り離されて、そのエネルギーがゆっくりと返ってくるので、自分のとった行動と、そのエネルギーとの関連性が見えてこないのです。

したがって、自分があのような行為をしたから、こうした結果になったのだ、という意識が、普通にはなかったのです。

ところが波動が上がると、時間も空間も狭まってきますので、早々と結果が出ますし、エネルギーとの関係性もはっきりと見えてきます。

◎五次元で意識して行動すると、すぐエネルギーが返る

五次元になると、意識に基づいて何か行うと、すみやかにエネルギーが返ってきます。

自分の意識が、自分の行動とエネルギーに明らかに関連するのです。

私の場合も、すぐさま返ってきます。

たとえば、蚊が飛んできたとき、意識に基づいて、蚊の生命を奪うと、そのエネルギーがすぐに返ってきて、夜、瞑想に入ったとき、部屋に蚊が入ってきて、たくさん刺されたりするのです。

これはカルマの一例でもあります。

すべての生き物に、もちろんカルマがありますから、ゴキブリを殺すようなときには、「シヴァになって生まれ変わってください」と祝福して、あの世に送り出します。

もっとよくなって生まれ変わってください、というわけです。

害虫などを退治する場合は、そのようなエネルギーを出すとよいのです。

人間の場合も、再びこの世に生まれてくるとしたら、この世を旅立つときに唱《とな》えている言葉が、もう一度この世界にやってくるときのエネルギーにつながっているのです。

ですから私たちは、何が起きても大丈夫なように、いつでも、神の名やマントラのような波動の高い言葉を口ずさんでいるとよいのです。

◎意識が上がると、違う展開が起きる

企業の場合も、いろいろな企業が出すエネルギーが、それぞれの企業に返ってくるのです。

今までもそうだったのですが、三次元世界のため、返ってくるまでの時間が長かったので、その関連性に、多くの人が気づいていなかったかもしれません。

しかし、五次元の世界になってくると、エネルギーが早々と返ってきます。瞬時に返ることもあります。

ですから、それぞれの企業は、いつ自社に返ってきてもいいように、常に高いエネルギーを発していないと、大変な事態を招くことになるわけです。

企業だけでなく、個人においても、これと同じことが言えます。

企業の社長がこうした五次元の関係性を意識するようになり、社員もそのことを学ぶと、企業は変わってきます。

◎五次元世界には競争はない

五次元世界では、三次元におけるような、個人同士の競争はありません。すべて、チームで協同して動くのです。

五次元世界では、意識のレベルで、競争とか競争心というものがないのです。ですから、誰かと誰かが戦い合い、勝ったり負けたりして、勝者と敗者が生まれるという考えかたはありません。

そこにあるのは、ひとつに集中した、統合のエネルギーなのです。

それぞれの人が、お互いに大きな尊敬をもち合い、お互いに受け入れて、ひとつのチームとして行動するのです。

このように三次元と五次元とでは、意識もエネルギーも関係性も、根本的に異なるのです。

そもそも、五次元の世界では、お互いに必要な、尊い存在であるということがわかっていますから、この人は、あの人よりいい、あの人より優《すぐ》れている、などと比較する考えかたが存在しません。

そして、そうした五次元は、統合され、調和がとれて、満たされている状態ですから、癒しも必要ないのです。

◎まず自分の波動を上げ、世界全体を上げていく

三次元の中では、人のエネルギーも、社会のエネルギーも、三次元に返ってきます。**ところが、人々の意識が上がると、自然と、法則的に、世の中が高次元のエネルギーの流れに沿って動くことになりますから、これまでとは違う展開が見られるようになるのです。**


会社というのは、人間が、何かの志向をもって創ったものです。

その会社を三次元ではなく、五次元で、インスピレーションをもって、信念に基づいて動き出すように変えれば、みんなの力がひとつにまとまります。

そして、その大きなエネルギーによって、これまでとは異なる、大きな展開が見られるようになるのです。

個人の場合も、まず自分の中で、エネルギーを高め、成長させ、そのエネルギーをもって行動していくと、宇宙の法則通りの、高次元の波動に見合ったものが集まり、新たな動きが出てくるのです。

☆

ですから私は、世界全体が五次元に移行できるよう、みなさんに悟ってほしいのです。みなさんの波動が上がれば、すべてがお互いのためになる組織に変化し、社会も大きく変わっていきます。

たとえば三次元の社会で、男女平等にしていくというのは大変なことですが、五次元への移行に従って、自然と大きな展開が見られます。

そのように世界が大きく変わるためにも、それぞれの人が、自分の波動を上げるための実践をし、聖なる関係性が築ける瞑想をしてほしいのです。

◎自分の波動が変われば、環境が変わる

私たちは、見えないところでの働きで、誰かに引き寄せられたり、誰かに出会ったり、

思いがけない人が現れたりします。

また、見えないところの働きで、身近にいた人が去っていったり、接触がなくなったりします。

私に会ってから、急に職場が変わったとか、いやな上司がいなくなったとか、「今まで一度もありがとうと言ってくれなかったお母さんから、急に、ありがとうと言われた」などと話されることが数多くあります。

これは私に会って、自分の波動が変わることによって、まわりの環境が自然と変わったからです。

自分の中の気、エネルギーを浄化すること、意識を高めることによって、周囲とのさまざまな関係性が変わるわけです。

それは魔法をかけて、外界を変化させるようなことではありません。

波動が上がると、自然の法則で、波動の高いところに、エネルギーが共鳴して集まるのです。

◎自分に被害者意識がある場合

エネルギーはこのように共鳴して集まるものですから、自分に被害者意識があれば、自分が被害者・犠牲者になるエネルギーが集まってきます。

自分の潜在意識に、自分では気がついていない、そうした被害者意識が潜んでいる場合があります。

そうした潜在意識を浄化し、自分が無意識に出している信号を取り去らないと、どんなに頭（顕在意識）で、喜びに溢れた、幸福な人生を送りたいと思っていても、そのような展開を妨げるものが生じてくるのです。

◎頭でいくら考えても、潜在意識にはかなわない

前述したように、脳の情報処理能力は、顕在意識では一秒間で四十ビット、潜在意識では四十万ビットです。

潜在意識には、顕在意識とは桁違いの情報処理能力があって、膨大な情報を、まさに超スピードで処理しているわけです。

ですから、頭でいくら考えても、潜在意識にはかないません。潜在意識のパワーの方が圧倒的に強いのです。

この潜在意識に何が入っているか、自分にはわかりません。

ところがそこには、自分はいたらない者だといった暗い感情や、女性は男性と平等にはならないのだ、といったネガティブな考えが、たくさん潜んでいたりします。

みなさんが小さいときから言われていることとか、否定的な感情からきている情報など、それらすべてが潜在意識に入っているのです。

しかも、社会全体でネガティブな情報を、みなさんの潜在意識に大量に放送しているのですから、そうした潜在意識を浄化し、きれいにしていくのは大変なことです。

とはいえ、ワークなどで、潜在意識を浄化したいという気持ちになり、自分は光の存在なのだと潜在意識のレベルでわかるようになった人が、みなさんの一パーセント（百万人）に達すれば、世の中の全体の意識が変わってくるのです。

◎分離、不足感、恐れと、自分との関係

これまで述べてきたように、三次元の世界には、分離、不足感、恐れがあります。

相手から、自分の求めているものがもらえないのではないかという、不足感と不安と心配があると、それが怒りになったり、相手に対する期待になったりします。

ところが相手に期待しても、それに対して相手が百パーセント応えてくれるということはありません。

自分に不足感があるために相手に期待しているわけですから、その期待は必ずはずれるのです。

自分の中の満たされていないものは、どこからももらえないのです。自分の中から引き出し、それで自分を満たすしかありません。

そのように、分離、不足感、恐れといったものは、自分との関係性に戻ってくるのです。

そうした分離、不足感、恐れといったものを解決するためには、自分との関係性の次元を高めて、自分の中で自分を完成させなければいけないのです。

それは自分を、本来の姿である、光の存在に変えていくということです。

◎社会がつくったエネルギーを溜め込み、自分が見えなくなっている

とはいえ、大半の人は、本来の自分が光の存在であることに気づかないまま、拾ってきた、いらないエネルギーにしがみついているだけなのです。

そうした不要なものを全部脱ぎ捨てていくと、そこには光しかないのです。

現在のみなさんは三次元の社会で生きているのですから、好ましくない、邪魔なエネルギーが入ってくるのは自然なことなのですが、それを素通りさせる必要があります。

「ああ、こういうものがあるのだな」と素通りさせるのです。

ところが、とくに日本では、大半の人は我慢を続けていて、それを素通りさせずに、自分で止めてしまっているのです。

そして、自分でないものを、内部にうず高く積み上げてしまっているのです。

つまり、みなさんのうちの大半の人が、社会がつくった意識、社会がつくった自分のものではないエネルギーを、ただもらってきて、それをあまりにも多く入れすぎて、溜め込

んでしまっているのです。

そして、そのために、自分が見えなくなり、自分がわからなくなってしまっているのです。

したがって、何を愛すればいいかわからない、何が好きかわからない、何を聞いてもわからない、という状態になっているのです。

それが全部浄化されることが、聖なる関係の、本当の状態なのです。

◎悟りの道と癒し

聖なる関係が結び合わされるときに、本来の統合に戻り、悟りに入っていくということを、すでに述べました。

悟りの道というのは、ブラマチャーリ（修行僧）、ブラマチャリーニ（修行尼僧《にそう》）のように、自分の中で、神聖なる男性性と神聖なる女性性との関係性、統合性をはかる場合もあります。

また、カップルのように、お互いに完成された同士が一緒になることによって、本当の意味で、聖なるカップル、聖なる関係となり、互いに修行をサポートし、ともに悟っていくケースもあります。

そして、その神聖なる、家庭などの人間関係の癒しのパワーによって、本来の自分へと還《かえ》っていくのです。

本来の自分は、光の存在です。悟った存在です。

そのことを思い出し、その本来の姿を生きていくことが、魂のレベルの癒しなのです。

癒されるとはつまり、本来の自分に戻ることであり、完全に癒されることは悟るということでもあります。

◎セヴァの意義と神聖なる関係性

浄化といえば、私が、サイマー・ジャパンをはじめ、世界で行うプログラムは、みなさんが「セヴァ」（無私の奉仕）をすることによって成り立つようになっています。

スタッフだけでやろうとしても、うまくいきません。

そこに一日でもやってきて、人に寄り添うと、とても幸せな気持ちになることができます。

そのセヴァは、大きなイベントで行う場合もあれば、貧しい人、困っている人、ひとりになったお年寄りの方などのお世話をする場合もあります。

そこは、奉仕ができ、何かの魂に尽くせる、という貴重な関係性を築ける場です。

そのようにセヴァは、魂に尽くす関係性がもてる場であり、神聖なる関係性、「聖なる関係」を通じて、献心する機会なのです。

エピローグ
日本から世界を変えていく

◎本来の自分を取り戻し、最高の幸せに導かれる鍵

本書を通じて、さまざまな関係性について理解していただけたと思います。

私たちは、自分とのいろいろな関係性をもち、そしてすべての人、あらゆるものとの関係性をもっているということが、よくおわかりになったのではないでしょうか。

尊敬、愛情、感謝、思いやりを人と分かち合うことによって、人との関係性は満たされます。

分かち合っている中で、お互いが満たされるのです。

そこには、お互いに限りない開放感、オープンさがあります。

あなたが、本来の自分を取り戻し、最高の幸せに導かれる鍵は、愛と光と癒しに満ちた「聖なる関係」を築くことにあるのです。

☆

すでに三次元から五次元への移行が始まっています。

私たちの意識も、統合および調和へと、大きく、そしてすみやかに変わる必要があります。

三次元は、競争、分離、対立の世界ですから、人は相手に勝つことばかり考えて、ともすると、相手を引きずり下ろすような行動をとってしまいます。

そして、世間《せけん》とのネガティブな関係性が生じているのです。

その結果、さまざまな問題が生じて、苦しむことになります。

◎体験を通じて、深い真理を学ぶ機会が得られた

しかし、そういったつらい体験や、世間との好ましくない関係性は、全部自分が創りあげたものです。

ですから、そのことで不満をいだいて、ほかの人や社会を非難するのは筋違いというわけです。

そしてまた、そのことで、自分を批判しても意味がないのです。

批判をするのではなく、ただ思い出すことです。

自分が本来、偉大なる、光の存在であることを思い起こすのです。
そして、自分がすべてと一体であること、ワンネスであることを、深いところから思い出すのです。

自分はエネルギーを混乱させながら歩いてきて、とうとうカーブのところまで来てしまった、と気づいて、本来の自分に戻っていくことです。

あなたが、これまで多種多様の関係性を創り出し、さまざまなエネルギー、たくさんの波動を経験してきたということは、深い真理を学ぶ機会が得られたということです。

本来の自分に戻っていくためには、そのことを認識し、そして「神聖なる愛」をはじめとして、学ぶことのできた貴重な真理を、高次元のエネルギーとともに、さまざまな関係性に持ち込んでいくことが大切なのです。

◎みんながひとつになって、調和の世界である五次元へ

すでに述べてきたように、さまざまな関係性の基本にあるものは、自分との関係性です。
ですから、大切なのは、問題を自分の中から解決するということです。

とはいえ、自分の根っこにあるところ、つまり潜在意識に溜まっているものは、自分には見えにくく、わかりにくく、なかなか解決できません。

自分ではないものが覆《おお》いかぶさって、自分が見えなくなっているわけです。

したがって、よけいなものを取り除いて、本来の自分に気づくということが肝心です。

それは、自分を浄化して、本来の自分を活性化していくことです。

そこで、本書で紹介した、光の呼吸法や、瞑想などによって、まず自分の魂との関係性を創っていくことが大切なのです。

そしてワンネスの存在となることです。

☆

この本で、たくさんの方々が「聖なる関係」を理解し、神聖なる愛と感謝と思いやりをもって、周囲の人を尊重して生きていくことができたら、世の中は大きく変化し、日本から世界が変えられると思うのです。

そうして、私たちみんなが浄化し、神聖なる愛で地球の意識を高め、揃って調和の世界である五次元へと移行できるようになれば、なんと素晴らしいことでしょうか。

その実現に向かって、まず、あなた自身がスタートを切っていただきたいのです。

◎東日本大震災のとき、私は愛と光のエネルギーを送っていた

私は、2012年5月に、はじめて日本を訪れ、ダルシャン（聖者による祝福の儀式）を行いました。

しかし本当のところ、それは初の訪日ではありません。じつはその前年の2011年3月、東日本大震災で津波が来たとき、アメリカのフロリダにいた私は、ライトボディ（肉体ではない光の身体）になって、日本を訪れていたのです。

そして、毎日、24時間態勢で、聖なる愛と光のエネルギーを送る、癒《いや》しのワークを行っていました。

そのとき、私のハートは百パーセント、日本のみなさんと昼も夜もずっと一緒にいました。そして、子供さんたちのことや放射能のことなどについての、みなさんの痛みを強く感じつづけていました。

大勢の方々がたいへんな時期でしたが、みなさんのことをすごいと思いました。というのも、困難な時期に、みなさんはとても冷静に、とても静かに、災害に立ち向かい、神へ

の愛と平和への気持ちを高めていったからです。

これは本当に奇跡と言えますし、日本のみなさんにしかできなかったことだと思います。

◎聖なる愛は、すべての痛みや苦しみを癒してくれる

その当時、私が行ったすべてのワークに対して、じつに多くの魂たちが、祝福を送ってくれました。

津波が来たとき、多くの天の存在や、天使たち、神々たちが加わり、日本に光をどんどん注いでくれていました。その存在たちによるサポートで、日本の光はより一層高まったのです。

震災後の日本は、とてもオープンになり、すべてを天の存在たちに任せて、光を取り入れているように見受けられます。

私が日本にやってくるようになったのは、愛するためです。

私ができる最大限のことは、日本のみなさんに、聖なる愛を贈るためでした。

聖なる愛は、すべての痛みや苦しみを癒してくれます。聖なる愛にのみ、この力があり

ます。

日本人は、とても神秘的なエネルギーをもっています。

来日したとき、この国の人たちの神秘的な生命力のエネルギーと、心の美しさに胸を打たれました。これだけ困難な中で、みなさんがオープンに愛と光とともに存在していることに胸を打たれたのです。

◎サイマー・カフェは画期的な癒しの空間

２０１８年５月には、サイマー・カフェを東京・自由が丘にオープンしました。

その扉を開けると、高次のエネルギーが感じ取れる、ピュアで健康的な空間が広がっています。

そこには、温かく穏やかな、愛と光のエネルギーが充満していますから、提供されるお料理、スイーツや飲み物にも、そのやさしくて開放的なエネルギーが染み込んでいます。

そこで歓談などをして、ゆったりとしたひとときを過ごし、口にするものを味わっていると、高次のエネルギーとつながります。そして、心と体が癒され、心身の調和がとれる

ようになるのです。

これは私がはじめて開いた癒しのカフェです。そしてサイマー・カフェの世界一号店です。たくさんの方々に協力していただいて、選び抜いた素材の命を大切に活《い》かしたメニューを、やすらぎの空間で、最高のホスピタリティで提供する、この画期的なベジタリアン・カフェを創り上げることができました。

サイマー・カフェを訪れるならば、愛と光に包まれた、健康的なエネルギーとはどんなものか、あなたもきっと実感することができるでしょう。

☆

私は日本のみなさんに、聖なる愛と、本当の生きかたを知っていただきたくて、この本を書き上げました。

あなたが愛と光と癒しに満ちた、最高の人生を送ることを、深く祈っています。

みなさんのことを、とても愛しています。

永遠にあなたの、

マー

サイマー・ラクシュミ・デヴィ
Sai Maa Lakshmi Devi

インドでも最高の栄誉ある聖者「ジャガットグル」の称号を授与された、人道活動家であり、愛と慈しみに満ちた癒しの力とともに聖なる光を放つスピリチュアル・マスター。インドで設立した非営利団体「サイマー・ヴィシュヌ・シャクティ・トラスト」を通した孤児・寡婦への食料、衣料、清潔な水、医療の提供をはじめ、全世界で人道活動を展開。世界中の人々に、宗教・宗派・文化の枠を超えて尽くしながら、「ワンネス意識、一体性、全体性、真実、愛」について説いている。人間が本来の自分とはどんな存在であるかを思い出し、自分自身の内面のパワーをフルに発揮し、自分自身の設計する人生を喜びとともに生きられるのか、実践的なスピリチュアリティとして人々に示すことで、人類の意識の向上に寄与している。
異なる文化と伝統が平和的に共存するモーリシャス島で生まれ育ち、20 代で渡仏。ボルドー市の市議会議員となり、ミッテラン政権下でフランス政府を代表して、EU の健康保健制度改革に尽力しながら、東洋の叡智と西洋の療術を調和させた方法で、人々を真の癒しへと導くセラピストとして、複数の診療所を経営。その頃に出会った、生涯の師となるサティア・サイババに30数年にわたり師事。現在では全世界のあらゆる信仰の指導者やグルたちから「ハー・ホーリネス・サイマー・ラクシュミ・デヴィ（聖なる母）」として敬愛されている。2007年のクンバメーラで、インド最高位の精神的指導者に与えられる「ジャガットグル」の称号を授与された聖者。米国在住。

サイマー・ジャパン事務局
〒145-0071　東京都大田区田園調布2-34-3 フェルテシモ田園調布105号
電話 03-5544-8400
http://saimaajapan.com/

The Healing Power of Relationship

「聖なる関係」があなたを癒す

2018年8月27日　初版発行

著　者　サイマー・ラクシュミ・デヴィ
発行人　西　宏祐
発行所　株式会社 ビオ・マガジン
〒141-0031　東京都品川区西五反田8-11-21 五反田TRビル1F
電話 03-5436-9204　FAX 03-5436-9209
http://biomagazine.co.jp/

編集協力　倉持　哲夫
装丁／本文デザイン／DTP　堀江　侑司
印刷所　株式会社 シナノ

ISBN978-4-86588-030-4